JN085367

会社の

再生・整理 の手順が

わかる本

弁護士・公認会計士・認定事業再生士
鈴木規央 著

中央経済社

はじめに

　新型コロナウイルス COVID-19の感染拡大は，深刻な消費不況を招いています。飲食店，アパレル，ホテル等，一部の業種では倒産が増えているようですが，信用保証制度を利用した民間金融機関からの実質無利子無担保の借入れや新型コロナウイルス感染症特別貸付により，全体的な倒産件数は増えていないようです。しかし，これらの融資の返済が始まる時までに事業再生の対策を講じていないと，早晩倒産せざるを得ない事態に陥ってしまいます。

　本書は，事業再生に取り組もうと考えている経営者や事業再生の経験が浅くこれから事業再生の実務に携わろうとする方を対象に執筆したものです。そのため，本書で記載した内容は可能な限り平易なものとなっており，読み手が理解しやすいように心がけています。

　本書の最大の特徴は，単なる事業再生に関する手段や手続についての網羅的な解説ではなく，事業再生を検討する場合の手順や思考の流れの理解に重点を置いている点です。事業再生に関する書籍の中には，事業再生に関する手段や手続を解説した書籍は数多くありますが，どちらかというと知識面に重点が置かれており，全体を通して思考過程を意識したものは少ないと思います。事業再生に取り組む経営者や事業再生に携わろうとしている人は，まず，事業再生の検討手順や思考の流れを身に着けることが重要だと思い，本書では，事業再生を検討するにあたっての思考過程を意識して記載しました。

　次に，本書で意識したことは，経営者や事業再生に携わろうという人たちが実務で知っておくべき内容を中心に記載したという点です。弁護士が執筆すると，どうしても法律に関する記載が中心となってしまいますし，公認会計士や税理士が執筆すると，どうしても会計や税務に関する記載が中心となってしまいますが，そのような記載の中には，経営者や事業再生の実務に携わろうとする人にとって，あまり必要でないものもあります。仮に，実務でよく出てくる

問題であったとしても，専門家に任せておけばよいものもあります。そのため，経営者があまり知らなくてもよいと思う部分は思い切って記載せず，これまで経営者から質問を受けた事柄を踏まえて，経営者が知りたいと思う点を中心に説明しています。

　本書で事業再生の基本的な思考過程を学んでいただき，足りないと思う部分は，専門家に尋ねるなり，より詳細な書籍にあたって理解を深めていただければと思います。

　本書が広く皆様のお役に立てば幸いです。

　　2021年12月

　　　　　　　　　　　　弁護士・公認会計士・認定事業再生士　　鈴木規央

CONTENTS

Chapter 3　営業キャッシュ・フローを黒字化する

Chapter 6 スポンサーの支援を受ける

Chapter 7　廃業する

Chapter 1

企業再生の考え方

最近の不況の特徴

(1) 新型コロナウイルスの影響

　2019（令和元）年12月に中国湖北省武漢市で検出された新型コロナウイルスCOVID-19（以下「新型コロナ」といいます）は，2020（令和2）年に入ると瞬く間に世界各国に拡がり，日本でも蔓延しました。2020（令和2）年4月以後，各地で複数回にわたって緊急事態宣言が発令されていますが，この新型コロナ感染拡大の影響により，人間の行動が制限され，消費活動も急激に鈍化しました。

　このような行動の制限や消費活動の急激な鈍化により，日本経済がリーマン・ショックや東日本大震災の時のように悪化し，倒産する事業者が続出するのではないかということが懸念されました。しかし，様々な資金繰り支援策が拡充されたため，今のところ，倒産する事業者が続出するという状況はかろうじて避けられているようです。

(2) リーマン・ショックとの違い

　新型コロナの影響による不況は，リーマン・ショックの時と比べられることが多いですが，当時とは明らかに違います。

　リーマン・ショックは，アメリカ合衆国の投資銀行であるリーマン・ブラザ

ーズ・ホールディングスが2008年9月15日に経営破綻したことに端を発して，連鎖的に世界規模の金融危機が発生した事象をいいます。この時は，日本でも金融機関が貸付けを減らしたことから，購入層が十分な資金を使うことができなくなり，消費活動が急激に鈍くなるとともに，事業者も借入れが十分にできなくなったことから，多くの事業者の資金繰りが破綻し，倒産が相次ぎました。特に，多額の資金を必要としていた不動産デベロッパーは，不動産が売れず，借入れも十分できなくなったことで軒並み倒産していきました。つまり，リーマン・ショックの時は，金融不況によって，資金の流れがいきなり止まったことが，倒産の増加につながりました。

　今回の新型コロナの場合，消費者の消費活動に急ブレーキがかかり，それにより多くの事業者の売上が減少しているようです。しかし，政府が様々な資金繰り支援策を拡充したことで，金融機関の貸付けは減っていません。新型コロナの影響で売上が下がった事業者も，信用保証制度を利用して金融機関から借入れをしたり，政府系金融機関から特別貸付を受けて資金繰りをつないでいるようです。このように新型コロナによる不況が来るといわれつつ，倒産件数が大幅に増えていないのは，まさに，金融が支えているからです。

　しかし，資金繰り支援策はいずれ終了すると思われます。新型コロナの影響により悪化した景況感が回復し，予定どおり返済できるようになれば問題はありませんが，業績が回復しなければ，資金繰りが厳しくなることが予想されます。

　特に，新型コロナの影響が出る前から業績が芳しくなく，資金繰りが厳しかった事業者の中には，資金繰り支援策により生き延びたところがあると思います。しかしそのような事業者は，今回の資金繰り支援策で，より一層債務が膨らんでいると考えられますので，早めに対策を打たないと，生き残れないのではないかと思います。そのため，経営者は新型コロナの支援策の終了した後の事態に備えて準備をしておく必要があるといえます。

02 倒産とはどういうことか

(1) 倒産の原因

　倒産というのは，株式会社，合名会社，合資会社，合同会社，医療法人等の事業者が事業活動を停止することをいいます。

　倒産はどうして起きてしまうのでしょうか。倒産の原因については，赤字状態が続いたからであるとか，多額の債務を負ったからであるということをよく聞きます。

　確かに，赤字状態が続いた事業者が倒産に追い込まれることは多くあります。しかし，赤字状態が続いたとしても事業継続ができることはありますし，反対に，前年度黒字状態であったのに，いきなり倒産をしたということもあります。そうすると，赤字状態が続くことが倒産の直接的な原因ということではなさそうです。

　また，多額の債務を負った事業者が倒産することは多くありますが，多額の債務を負っているからといって，事業継続ができないわけではありません。多額の債務を負っていても，毎月の返済額を減らしてもらうことで，事業を継続している事業者は数多く存在しています。

　倒産が生じる直接の原因は，**資金繰りが破綻する**ことです。資金繰りが破綻すれば，従業員に給料を支払うことができなくなり，その結果，従業員が事業者から離れてしまいます。また，資金繰りが破綻すれば，仕入先に支払できなくなり，当該仕入先からその後の仕入等ができなくなってしまいます。従業員が離れ，仕入ができなくなれば，事業活動ができなくなってしまいます。この

ように，倒産を事業活動ができなくなる状態であるとするのであれば，倒産は
資金繰りが破綻することによって生じるのです。

⑵　倒産を回避するには

　新型コロナの影響で不況が叫ばれているにもかかわらず，倒産が増えないの
は，信用保証制度を利用して金融機関から借入れをしたり，政府系金融機関か
ら特別貸付を受けて，まさに資金繰りが破綻していないからです。資金繰りさ
え破綻しなければ，事業は継続できるのです。

　このように，資金繰りが破綻することによって倒産になるのであれば，倒産
をしないためには，資金繰り破綻をしないように逆算して考えていけばよいと
いうことになります。

03 事業の再生か倒産か

(1) 事業を再生させることから考える

　倒産しそうな場合，事業を継続して再生するべきか，それとも倒産すべきか
をどのように判断するかということが問題となりますが，まずは事業を継続し，
事業の再生を考えるべきです。事業を継続し，再生するための方策を尽くして
も資金繰りの破綻が回避できないと見込まれるときに，事業を停止して上手に
畳むことを検討すべきです。

　事業活動を止めてしまうことは，いつでもできます。しかし，事業を一度停
止してしまうと，事業を再生することは困難です。倒産関係の書籍には，3年
連続して赤字が続いたら倒産を検討すべきであるとか，債務超過に陥ったら倒
産を検討すべきであると記載されているものもありますが，倒産するかどうか
の判断はそのような数値的な基準で判断できるものではありません。倒産は，
資金繰り破綻が原因で起きるのですから，あらゆる方策を尽くしても資金繰り
破綻が回避できないと見込まれるときに，検討すればよいのです。

(2) 事業には価値がある

　事業者が営んでいる事業には，従業員，仕入先，販売先等多数の関係者がい
ます。事業者が倒産すると，そこで働く従業員は仕事を失ってしまい，収入が

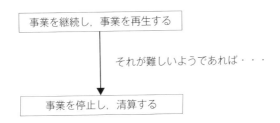

図表 1−1 資金繰りが厳しい場合の検討の順序

なくなります。事業者の仕入先は，販売先を失い，売上が減少します。事業者の販売先は，仕入先を失って，新規に仕入先を探さなければなりませんし，新規に仕入先を見つけたとしても，当該事業者が販売する商品と同様の満足が得られるとは限りません。

　また，事業は長期間継続することによって技術やノウハウが蓄積されます。新たに事業を開始した場合，技術やノウハウがないので，利益が出るまでに時間がかかることがあります。技術やノウハウは，目に見えにくいものですし，数値化しにくいものですが，確かに価値のあるものです。こうした蓄積された技術やノウハウは社会的にも有用なものです。倒産をしてしまうとこうした技術やノウハウが失われることとなります。

(3)　無理しすぎない

　ただし，経営者は，ベストな結果を望むあまり，無理をしてしまう傾向にあります。

　例えば，私が依頼を受けた事業者の経営者には，金融機関に対してリスケジュールの申入れをしてしまうと，二度と借入れができなくなり，その後の事業に支障を来すと思い込んで，リスケジュールの申入れをすべきであるにもかかわらず，頑なにリスケを拒んだ方もいました。金融機関にリスケジュールの申

込みをしないので，仕入先に対する支払を溜めてしまったり，従業員に対する給料の支払を止めることで，資金繰りをつないでいました。しかし，結局，破産をしてしまい，不払いの金額を溜めてしまった分だけ取引先や従業員に多大な迷惑をかけてしまうこととなりました。

　また，客観的には，民事再生等の法的整理を利用しなければ事業再生ができない事案で，経営者が民事再生のような法的整理手続をしてしまうと，経営者が経営権を奪われてしまうと思い込み，頑なにこれを拒み，結果として破産をしてしまうということもありました。このケースでも，仕入先に対する支払や従業員に対する支払を止めていたので，多大な迷惑をかける結果となりました。

　事業再生の努力をするにしても，無理をしすぎるとかえって色々な人に迷惑がかかります。ベストな結果を求めるのではなく，色々な手段を念頭において，その時点において再生の確率の高い合理的な手段をとることが重要です。

Chapter 1

04 事業再生のための目標

(1)　短期的な目標

　倒産の原因は，資金繰りが破綻することにありますので，倒産を回避するための短期的な目標としては，資金繰り破綻を回避する方法を考えればよいということになります。

　資金繰り破綻を回避するには，入金を増やし，支払を減らすことになります。

　入金を増やす方法として，まず，最初に考えられるのは売上を増やすことです。売上を増やせば，入金額も増えます。しかし，資金繰り破綻が目前に迫った段階での資金繰り破綻を回避するための手段として売上高を増やすことは困難です。売上高は，地道な営業活動や，商品開発によって増加することが多く，短期的に増やそうとすると無理が生じます。また，売上に先立ち，仕入や外注費の支払が生じることが多いことから，売上高を急激に増やすと仕入や外注費も増え，しかもその支払が先に生じるので，かえって資金繰りが厳しくなることもあります。したがって，目前に迫った資金繰り破綻を回避するために売上を増やすということは困難ですし，注意が必要です。

　ほかに，短期的に入金を増やす方法として，借入れをする，助成金を受ける，資産を売却する等もあります。また，売掛金の入金サイトを早めてもらうことも，短期的に入金を増やす方法として挙げられます。

　次に，支出を減らす方法としては，経費節減が代表的なものとして挙げられ

9

ます。ほかにも，金融機関への返済を止める，取引業者への支払のサイトを延ばしてもらう，という方法も，短期的に支出を減らす方法として挙げられます。

　短期的な資金繰りの改善の方法については，数多く考えられますが，その代表的なものについては，Chapter 2で詳しく説明したいと思います。

(2)　中長期的な目標

　短期的に資金繰り破綻を免れたとしても，事業自体が赤字続きであれば，事業を続ければ続けるほど資金が流出することになります。そうすれば，いずれ資金繰り破綻を来してしまいます。このような状態であれば，いくら短期的に資金繰りの改善策を講じたところで，それは一時的な延命策にすぎないことになります。

　したがって，事業を再生するには，中長期的には，営業活動から生じるキャッシュ・フローを黒字化することが目標となります。営業活動から生じるキャッシュ・フローの黒字化については，Chapter 3で説明したいと思います。

　また，営業活動から生じるキャッシュ・フローを黒字化したとしても，事業者が多額の債務を抱えていると，借入金の返済や利息の支払が発生し，結局は全体的なキャッシュ・フローはほとんど増えません。そのような状態が長く続くと，事業者は，必要なときに必要な投資をすることができず，結果として事業が先細ってしまいます。

　そのため，中長期的には，過剰な債務も解消することが必要です。過剰な債務の解消方法については，Chapter 4とChapter 5で説明したいと思います。

図表　1－2　事業再生の目標

```
                        ┌──────────────────────────────────────┐
        ┌─ 短期的な目標 ─┤          資金繰り破綻を回避する          │
        │               └──────────────────────────────────────┘
事業再生 ┤
        │               ┌──────────────────────────────────────┐
        │               │     営業キャッシュ・フローを黒字化する     │
        └─ 中長期的な目標 ┤      └──────────────────────────────────────┘
                        │       ┌──────────────────────────────────────┐
                        └───────┤          過剰債務を解消する            │
                                └──────────────────────────────────────┘
```

Chapter 2

短期的な資金繰りを改善する

01

資金繰り予定表の作成

(1) 資金繰り予定表の作成が必要な理由

　Chapter1でも述べたとおり，倒産を回避するための短期的な目標は，資金繰り破綻を回避する方法を考えることです。

　資金繰り破綻を回避する方法を検討するには，前提として，正確な資金繰り予定表を作成することが必要です。正確な資金繰り予定表を作成することで，いつまで資金繰りが続くかわかりますし，どのようにすれば資金繰りを回避することができるかを検討することができます。

(2) 月次資金繰り表と日繰り表

　資金繰り予定表は，１か月単位の資金繰り予定表（以下「月次資金繰り表」といいます）と１日単位の資金繰り予定表（以下「日繰り表」といいます）の両方を作成することが必要です。

　月次資金繰り表は，資金繰りがどのような状況にあるのか，どのようなトレンドにあるのか，いつまでもつのかを把握するのに役立ちます。

　しかし，月次資金繰り表では，資金残高を月末で把握することから，月中に資金繰り破綻をするかどうかを把握することができないので，日繰り表も作成する必要があります。

　月次資金繰り表は6か月分，日繰り表は3か月分作成しておくと便利です。

⑶　資金繰り予定表の作成手順

　資金繰り予定表は，月次資金繰り表であれば，月初残高，収入，支出，月末残高を記載しますが，収入と支出の内訳については，各企業の事業の特性を配慮し，ある程度分類しておくと利用価値が上がります。

　通常は，収入については，現金収入，受取手形入金，売掛金回収，割引手形，資産売却入金，借入金入金，その他収入，といった内訳に分類し，支出については，現金支出，手形支払，買掛金支払，人件費，経費，リース料，公租公課，借入金・支払利息，その他支出，といった内訳に分類することが多いです。

　また，営業キャッシュ・フローの黒字化を考えているのであれば，営業収支（営業に関する収入・支出）と財務収支（借入れとその返済および利息の支払）に分類してもよいでしょう。

　資金繰り予定表は，まず，入金は確実に入ると見込まれるものを記載し，支出は契約条件どおり支払うことを前提に記載します。このように記載した結果，近い将来，資金繰りが回らなくなる場合に，どのようにすれば資金繰り破綻が回避できるのかを検討することになります。

図表 2－1 月次資金繰り表

(単位：円)

	項目	202X年4月	202X年5月	202X年6月	202X年7月	202X年8月	202X年9月
収入	現金売上						
	売掛金回収						
	受手取立						
	商手割引						
	その他						
	資産処分等						
	借入金等						
	収入金計						
支出	現金仕入						
	買掛金支払						
	人件費						
	販管費						
	リース料						
	その他						
	手形決済						
	借入金返済						
	支出計						
	差引過不足						
	前月繰越						
	翌月繰越						

16

図表 2-2　日繰り表（202X年4月）

(単位：円)

日	曜日	収入								支出									収支合計	資金残高	摘要
		現金売上	売掛金回収	受手取立	商手割引	その他	資産処分等	借入金	収入合計	現金仕入	買掛金支払	人件費	販管費	リース料	その他	手形決済	借入金返済	支出合計			
31日	水																			○	
1日	木								○										○	○	
2日	金								○										○	○	
3日	土								○										○	○	
4日	日								○										○	○	
5日	月								○										○	○	
6日	火								○										○	○	
7日	水								○										○	○	
8日	木								○										○	○	
9日	金								○										○	○	
10日	土								○										○	○	
11日	日								○										○	○	
12日	月								○										○	○	
13日	火								○										○	○	
14日	水								○										○	○	
15日	木								○										○	○	
16日	金								○										○	○	
17日	土								○										○	○	
18日	日								○										○	○	
19日	月								○										○	○	
20日	火								○										○	○	
21日	水								○										○	○	
22日	木								○										○	○	
23日	金								○										○	○	
24日	土								○										○	○	
25日	日								○										○	○	
26日	月								○										○	○	
27日	火								○										○	○	
28日	水								○										○	○	
29日	木								○										○	○	
30日	金								○										○	○	
合計		○	○	○	○	○	○	○	○	○	○	○	○	○	○	○	○	○		

17

短期的な資金調達の手段
（資産の売却）

(1)　不要な資産の売却

　それでは，短期的に資金繰りを改善する方法について紹介します。

　短期的に資金繰りを改善する方法として，まず，事業に必要不可欠でない資産を売却することが考えられます。

　事業を継続していくと，当初の予定では必要だったはずが，実際にはほとんど使われていない資産がしばしば出てきます。こうしたものをただ放置しておくことは大きな損失です。一般的には，不動産，自動車，有価証券，機械設備，ゴルフ会員権等，売却できる資産にはある程度価値があることが前提となりますが，これらの資産を売却することができれば，売却代金を資金繰りに充てることができます。

　また，これらの資産を維持し続けることは，維持管理費用がかかります。例えば，不動産であれば固定資産税・都市計画税が，自動車であれば自動車税が，機械設備であれば償却資産税が，ゴルフ会員権であれば年会費が発生します。不要な資産を売却することができれば，こうした維持管理費用を節約することができ，長期的にも資金繰りの改善が見込めます。

　なお，不動産については，金融機関からの借入金のために，抵当権や根抵当権が設定されていることが多いと思われます。その場合には，不動産を売却するにあたり，金融機関からの借入金のために設定された抵当権や根抵当権を抹

消する必要があります。すなわち，抵当権や根抵当権で担保された借入金額を，金融機関に返済しなければなりません。不動産の売却代金が借入金額を上回っていれば，その借入金額を返済することで抵当権や根抵当権を抹消してもらえますが，不動産の売却代金が借入金額を下回っている場合には，抵当権や根抵当権の抹消に応じてもらえず，結果として不動産の売却ができないことが多くあります。もっとも，不動産の売却代金が借入金額を下回っていたとしても，金融機関が売却に応じることもあります。そのため，不動産の売却にあたっては，金融機関と相談しながら行うことになります。

(2)　セール&リースバック

　事業に不要な資産がない場合，営業上利用している資産を売却することで資金調達をする方法もあります。

　もちろん，営業上利用している不動産，設備，自動車等を売却すると，通常は売却した資産は使用できなくなりますので会社が運営できなくなります。

　しかし，これらの資産の場合，売却した後にそのままリース契約を結んで借りて，使い続けることができれば，毎月の利用料金として「リース料」が発生

図表 2-3 一般的なリースバックの構造

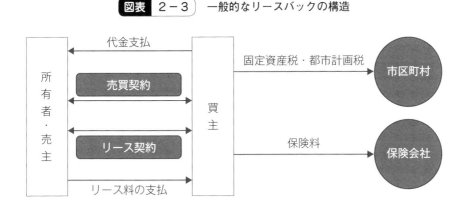

しますが、「売却資金」は一括で入ってくるので、まとまった金額を一時的に入手することができます。このような手法を、セール＆リースバックといいます。

　短期的な資金調達にあたっては、かかるセール＆リースバックも有効ですので、検討対象に含めるべきです。

(3)　過剰な在庫の売却

　短期的に資金繰りを改善する方法として、過剰在庫を売却するということも考えられます。

　過剰在庫が生じた理由としては、季節ものの商品が売れ残った、在庫管理が不十分であった、過剰に発注してしまった、返品が予想よりも多かったといった色々なものがあります。こうした過剰在庫を売却しようとしても、通常の値段で売却することができず、買った値段よりも安い値段でしか売却できない場合もあります。

　しかし、在庫は抱えているだけで多くのコストが発生する負債です。売れる見込みのある適正な在庫であれば保有していても問題はありませんが、過剰に在庫を持っていると倉庫や店舗の場所をとりますし、毎月の在庫の管理コスト、保管コストも無駄になります。

　したがって、利益が出ない場合であったとしても、適正な在庫量に合わせることと資金調達の両方を実現できる方法として、過剰な在庫を処分することは有益な方法といえます。

短期的な資金調達の手段
（売掛金の活用）

(1)　売掛金の入金サイトを早めてもらう

　日本の商取引では，商品やサービスを提供し，請求書を送り，請求書の期日までに入金されるという支払フローが一般的です。これは「信用取引（掛け取引）」と呼ばれるもので，商品の納品，サービスの提供から，入金まで30日〜90日の日数がかかるのが通常です。

　しかし，商品の納品，サービスの提供から入金までの期間を短縮してもらうことができれば，その短縮してもらった期間の売上高に相当する金額の資金調達ができたことと同じことになります。したがって，売掛金の入金サイトを早めてもらうことができれば，その分，資金繰りが改善することになります。

(2)　売掛金の売却

　前述のとおり，売掛金の入金サイトを早めてもらうことができれば，その分，資金繰りが改善しますが，いったん，支払サイトを取り決めて契約を結んでしまうと，後に条件を変更してほしいと提案しても思うように交渉は進みません。

　市場価格が変動したなどの理由があるのなら，価格の変更を踏まえた支払サイトの変更も交渉しやすくなると考えられますが，単に資金繰りが悪化しやすいからという理由で支払サイトの変更を申し出てしまうと，資金繰りが悪化し

21

ていて財務状況が厳しい企業なのではないか，と疑われてしまうこととなります。

　そこで，売掛金の入金サイトを早めてもらうことが難しいようであれば，売掛金が支払われるより早く，売掛金を売却することで資金調達することができます。このような方法を「ファクタリング」といいます。

　ファクタリングは，法律上は債権譲渡（民法466条）です。債権譲渡の場合，通常は，売掛金の債務者に対する確定日付のある証書による通知か，売掛金の債務者による確定日付のある証書による承諾が必要でした（民法467条）。しかし，1998（平成10）年10月1日から債権譲渡登記制度が実施され，このような登記をすれば，売掛金の債務者に対する確定日付のある証書による通知や，売掛金の債務者による確定日付のある証書による承諾が不要となりました。また，売掛金を譲渡した後も，取引先からの売掛金の回収は事業者が行い，回収した売掛金をファクタリング会社に引き渡すというスキームがとられることが多く，このようなスキームをとることで，取引先には一切知られずに債権譲渡をすることができます（かかるスキームを「二者間ファクタリング」といいます）。そのため，ファクタリングが資金調達の手段としてよく利用されるようになりました。

　事業者は，ファクタリングを利用すれば，手数料は発生しますが即日現金化することが可能となりますので，短期的に資金調達が可能となります。

　ただし，ファクタリングは，一度利用すると，途中で止めるには一時的に資金負担が生じるので，継続的に利用するようになることがほとんどです。ファクタリングの手数料には利息制限法の適用がないことから業者によっては高額な手数料をとります。そのため，ファクタリングの利用を継続することで，長期的には資金繰り負担が増しますので，これを利用するにあたっては，慎重な判断が必要です。

図表　2-4　一般的な二者間ファクタリングの構造

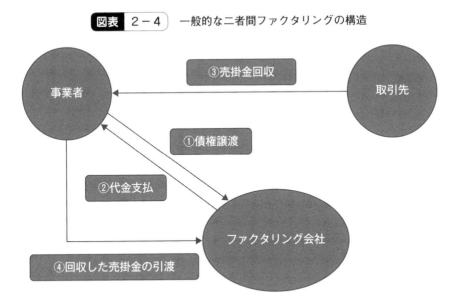

04 短期的な資金調達の手段 （資産の活用）

(1) 不動産担保ローン

　不動産担保ローンは，不動産を担保とした融資のことをいいます。不動産担保ローンは，通常のローンに比べて金利が低いこと，また，通常は不動産の評価額の7割から8割までの金額を借りることができるので，比較的多額の融資を受けることができること，返済期間が長期にわたること，といったメリットがあります。

　不動産担保ローンという商品は，銀行やノンバンクが提供しています。銀行の場合，第三者の不動産を担保としたローンを扱っているところは少ないですが，ノンバンクの場合，第三者の不動産を担保としたローンを提供しているところもあります。そのため，親族の不動産を担保に借入れをするケースもあります。

(2) ABL

　ABL（Asset Based Lending）とは，資産を担保にした融資のことをいいます。一般的には，不動産以外の資産を担保とした融資を指します。担保となる資産としては，主に，売掛金，商品・製品等の在庫，機械設備，知的財産などがあります。

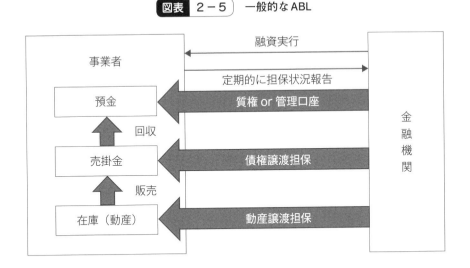

図表 2-5　一般的な ABL

　売上を計上してから回収するまでに時間を要する売掛金や，販売して売れる
まで活用できない在庫を担保として資金調達ができるので，不動産などの担保
を持っていない中小企業でも利用しやすい資金調達方法です。

　ABL は「動産譲渡登記」をすることで動産を担保に，「債権譲渡登記」をす
ることで売掛金を担保に融資を受けることが可能になります。信用保証協会が
在庫や売掛債権を担保にした融資を保証してくれる「ABL 保証」もあるので，
借りやすい資金調達方法として注目されています。

　なお，最近は，在庫が販売されて売掛金となり，売掛金が回収されて流動預
金となる「事業のライフサイクル」に着目し，在庫，売掛金，預金口座に担保
権を設定する手法もあります。

05 短期的な資金調達の手段 （リスケジュール）

⑴　通常のリスケジュール

　リスケジュール（以下「リスケ」といいます）というのは，返済が苦しい場合に債権者に相談して，返済計画を見直すことを意味します。リスケは，一定期間，元本の返済額を減額したり，元本の返済をしばらく猶予してもらう等するので，債権者との交渉がまとまれば一時的に返済負担を軽減することができます。

　ただし，返済計画の見直しによって，その後は確実に返済できるという感触が得られなければ，金融機関は交渉に応じてくれませんので，見直し後の返済計画の確実性が重要になります。

⑵　新型コロナ特例リスケジュール

　新型コロナ特例リスケとは，新型コロナ感染症の影響を受けて資金繰りに悩む中小企業に対して，各都道府県に設置された中小企業再生支援協議会が資金繰りの相談に乗ったり，金融機関とのリスケなどの調整を代わりに行う支援をいいます。

　新型コロナ特例リスケを利用することができるのは，新型コロナ感染症の影響の長期化を受けて，業況悪化を来し，次のいずれかに該当する方です。

① 最近 1 か月の売上高が前 3 年のいずれかの年の同期と比較して 5 ％以上減少した事業者

② 過去 6 か月（最近 1 か月を含む）の平均売上高が前 3 年のいずれかの年の同期と比較して 5 ％以上減少した者

③ 前 3 年のすべての同期における売上高が特殊事情の影響を受けていたことにより，最近 1 か月間の売上高および過去 6 か月（最近 1 か月を含む）の平均売上高が前 3 年のすべての同期との比較においても 5 ％以上減少していない場合においては，最近 1 か月間の売上高または過去 6 か月（最近 1 か月を含む）の平均売上高が，当該影響を受ける前の直近の同期に比較して 5 ％以上減少している者

④ 業歴 1 年 1 か月未満の場合は，最近 1 か月または過去 6 か月（最近 1 か月を含む）の平均売上高（業歴 6 か月未満の場合は，開業から最近 1 か月までの平均）が，次のいずれかと比較して 5 ％以上減少している事業者

　ⅰ　過去 3 か月（最近 1 か月を含む）の平均売上高

　ⅱ　2019（令和元）年12月の売上高

　ⅲ　2019（令和元）年10月～12月の売上高平均額

上記の要件を満たし，かつ下記の条件を満たす必要があります。

a　今後 6 か月間の資金繰りの見通しが認められること

b　金融機関または政策金融機関から融資を受けることができれば，今後 6 か月間の資金繰りの見通しが認められること

c　中小企業再生支援協議会の統括責任者または統括責任者補佐が，事業者の業種・業界の性質に応じ，事業者の元金返済猶予の要請を行うことが事業改善に向けて有用であると判断した場合

　通常，リスケをするには，経営改善計画を作成し，事業改善の見通しを説明することで金融機関との交渉をまとめることから，時間と労力を要します。し

かし，特例リスケでは，中小企業再生支援協議会が積極的に金融機関との調整をするので，短期間で交渉をまとめることも可能です。また，すでに金融機関との間でリスケの合意をし，そのリスケ後の条件で返済をしている中小企業者も，この新型コロナ特例リスケを利用することが可能です。

Chapter 2

06 短期的な資金調達の手段 （その他）

(1)　法人保険を解約する

　法人でも，生命保険（定期保険）や医療保険に加入している会社も少なくありません。経営者の生命保険活用は節税対策の一環として，また，緊急時の資金調達方法として，多くの企業に採用されています。

　法人保険に加入していれば，解約することで「解約返戻金」を受け取り資金調達することができます。また，法人保険の場合，解約せずに「契約貸付制度」を利用し資金調達することもできます。もちろん，満期になる前に解約してしまえば，解約返戻金が少なくなる可能性もありますが，資金調達が必要な状況では，審査の発生しない法人保険を利用した資金調達方法は，非常に有力な選択肢になります。

(2)　オフィスの敷金（保証金）を回収する

　法人が，オフィス，店舗，工場などの不動産を契約する場合，6か月～12か月分の敷金（保証金）が発生するのが通常です。6か月～12か月分もの家賃を支払うのですから，かなりの資金を預託していることになります。

　敷金（保証金）は契約終了後に返還されるお金ですが，原状回復に費用がかかればその金額は差し引かれます。

この敷金（保証金）は交渉によって取り戻すことが可能です。交渉の方法は
いくつかありますが，例えば「毎月の家賃を数％割り増しする代わりに敷金
（保証金）は返金してください。」と交渉して敷金（保証金）を返金してもらう
ことも可能です。毎月の賃料が増えますが，一時的に敷金（保証金）が戻りま
すので，短期的な資金調達になります。

Chapter 2

07 経営者個人からの借入れや
親族・知人からの借入れは
慎重に

(1)　親族や知人からの借入れ

　短期的な資金調達の手段として，親族や知人から借入れをするケースをよく
見かけます。

　しかし，親族や知人から借入れをして，うまく事業者の資金繰りが回り，事
業者が無事に再生をすることができれば弁済をすることができますので問題は
ありませんが，事業者の資金繰りが回らなければ弁済をすることはできません。

　仮に，事業者の資金繰りが一時的につながり，借入れをした親族や知人に弁
済をしたとしても，結局，事業者が倒産をした場合，破産管財人等から偏頗弁
済であるとして破産法162条や民事再生法127条の3に定められている否認権
（破産手続や民事再生手続開始前に破産者または再生債務者のなした行為が債
権者に損害を与える場合に，破産管財人または監督委員がその行為の効力を失
わせ，逸出した財産を破産財団に回復させる権利）を行使され，弁済を受けた
親族や知人は破産管財人等にその弁済金を返さなければならない可能性もあり
ます。

　そのため，親族や知人からの借入れについては，慎重に検討すべきです。

⑵　経営者個人からの借入れ

　短期的な資金調達の手段として，経営者個人から借入れをするケースもよく
見かけます。債権者の立場からすれば，経営者個人は，事業者の経営の責任を
負う者ですから，事業者の資金繰りが回らない場合に個人財産を資金繰りに使
うのは当然ということになりそうです。

　しかし，経営者が手持ちの資金を資金繰りに使うということであれば，それ
はやむを得ないと思いますが，第三者から借入れをして，その借入金を事業者
の資金に使用する場合には注意が必要です。後述しますが，経営者が負う事業
者の金融機関からの借入金の連帯保証債務については，経営者保証に関するガ
イドライン（以下「経営者保証ガイドライン」といいます）により免除を受ける
ことが可能です。しかし，経営者保証ガイドラインは，経営者個人の借入金に
ついては免除の対象となっていません。そのため，事業者が倒産した場合に，
経営者個人が経営者保証ガイドラインを適用して保証債務の免除を受けること
ができなくなってしまいますので，経営者個人が第三者から借入れをして，当
該借入金を企業に貸付けをすることについては慎重に検討すべきです。

08 債権の弁済や追加担保提供

(1)　債権の弁済の順位

　資金繰りが厳しくなった場合に注意すべきは，債権の弁済の優先順位です。借りる時に金融機関に世話になったこと，金融機関から助言をもらっていたこと，さらなる融資を受けられることを期待して，金融機関からの借入金を優先的に弁済し，税金や社会保険料，取引先に対する債務の支払を後回しにしているケースをよく見かけます。

　しかし，このような考え方は誤りです。

　まず，税金や社会保険料は，滞納すると高い延滞税がかかります。また，金融機関は事業者の売掛金等に対して差押えをする場合，訴訟等をして債務名義を取得してからでないとできませんが，税金や社会保険料については，直ちに事業者の売掛金等を差し押えることが可能です。さらに，金融機関からの借入金は，民事再生手続をすれば支払を止めることができますが税金や社会保険料は，民事再生手続でも支払を止めることができません。したがって，事業再生の見地からは，税金や社会保険料は金融機関からの借入金に対する支払よりも優先して支払うべきです。

　また，従業員に対する給料も，法律上，先取特権があり，民事再生手続でも支払を止めることはできませんので，これも優先的に支払うべきです。

　さらに，取引先に対する債権ですが，取引先からの仕入等は事業を継続する

うえで必要ですし，財務体力も金融機関に比べると脆弱です。自分が倒産した際に，支払を止めて溜めていた債権の金額が大きければ取引先も連鎖倒産してしまい，結局は金融機関に多くの負担がかかってしまいます。

　金融機関からは，金融機関からの借入金の弁済を優先するようにと指導されるかもしれませんが，そもそも金融機関は事業者を財務面から支えることに存在意義があるのですから，支払の優先順位としては後回しにすべきです。

(2)　追加担保の提供

　資金繰りが厳しくなり，支払が遅延すると，金融機関から追加担保を求められることがあります。しかし，既存の借入金に対する追加担保を提供することは，破産法162条や民事再生法127条の3に定められている否認権行使の対象となります。このような行為をすれば，破産や民事再生をしていなくても，他の債権者から協力が得られなくなり，事業再生は困難になります。したがって，金融機関からの追加担保の求めには応じるべきではありません。

　なお，金融機関から，毎月，定期積立をすることを要求されることもありますが，これも実質的な弁済または担保提供にあたりますので，すべきではありません。

Chapter 2

09

粉飾決算等はしない

(1)　粉飾決算

　短期的な資金調達の手段として，事業者が粉飾決算をして，その粉飾決算を
した決算書を金融機関に提出して融資を受けるというケースを見かけます。

　しかし，このような粉飾決算をした決算書を見せて金融機関から融資を受け
ることは，絶対にすべきではありません。

　そもそも，事業者が粉飾決算をしていなければ，金融機関はその事業者に対
して融資をしなかったわけですから，事業者が粉飾決算をして，金融機関から
融資を受ける行為は詐欺罪（刑法246条１項）に該当します。仮に，刑事訴追を
されなかったとしても，このような行為をした事業者は，金融機関から協力を
得ることができなくなり，事業再生が困難となります。

　また，一度，粉飾決算をした企業が，その次の年の決算でもとに戻そうとす
ると，前年度の悪い決算の数字が加わることになりますので，相当ひどい決算
内容になります。そのため，一度，粉飾決算をした企業は，その翌年も粉飾決
算を続けることがほとんどです。しかも，多くの企業は，経営の立て直しがで
きずに粉飾決算を続けますので，その粉飾決算の度合いは年々ひどくなってい
くのが一般的です。このような状態になると，事業再生はより一層困難になり
ます。

　したがって，粉飾決算をして，金融機関から融資を受けるということは，ど

んなに資金繰りが厳しくてもすべきではありません。

⑵ 空リース・多重リース

　短期的な資金調達の手段として，物件が存在しないにもかかわらず，存在すると仮装してリース取引をしてリース会社から得た資金を資金繰りに用いたり（空リース），１つの物件で複数のリース会社との間でリース取引をして，リース会社から得た資金のうち，物件の売主への支払金を超える金額を資金繰りに用いるケース（多重リース）を時々見かけます。

　このような空リースや多重リースも，詐欺罪（刑法246条１項）に該当します。仮に，刑事訴追をされなかったとしても，このような行為をした企業は，金融機関から協力を得ることができなくなります。

　また，空リースや多重リースをすると，その分，毎月のリース料の負担が重くのしかかりますので，長期的な営業キャッシュ・フローの改善が困難となります。

　したがって，空リースや多重リースは，どんなに資金繰りが厳しくてもすべきではありません。

36

Chapter 3

営業キャッシュ・フローを
黒字化する

01

利益の増大化を図る

(1)　重要なのは，利益の増大化

　短期的に資金繰り破綻を回避できたとしても，それは時間稼ぎができたにすぎません。時間稼ぎをして延命できただけでは，問題を根本的に解決できたことにはならず，かえって多くの関係者に迷惑をかけることにもなりかねません。

　そのため，短期的に資金繰り破綻を回避すると同時に，長期的には，営業活動から資金が得られるようにする，すなわち営業キャッシュ・フローを改善する必要があります。営業キャッシュ・フローを改善するには，利益額を向上させることが重要です。業種によっては，販売数量や売上高を上げることができれば自然と利益額を向上できることもあります。しかし，最近は，以前のように規模の経済を発揮できる事業は少なくなりました。むしろ，無理に売上高や受注高を増やそうとすることで，効率が悪くなり，利益は減ってしまうというような事態も多く見られます。

　営業キャッシュ・フローに結びつくのは，あくまでも利益であり，利益が増えるのであれば，必ずしも売上高や受注額が増えなくてもよいのです。

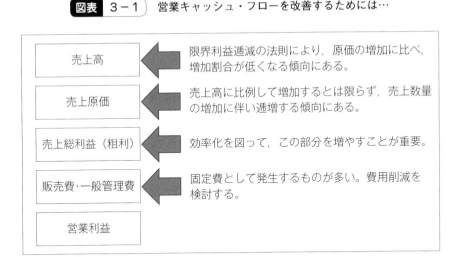

図表 3−1　営業キャッシュ・フローを改善するためには…

売上高 ← 限界利益逓減の法則により，原価の増加に比べ，増加割合が低くなる傾向にある。

売上原価 ← 売上高に比例して増加するとは限らず，売上数量の増加に伴い逓増する傾向にある。

売上総利益（粗利） ← 効率化を図って，この部分を増やすことが重要。

販売費・一般管理費 ← 固定費として発生するものが多い。費用削減を検討する。

営業利益

(2)　業務の効率化を図る

　事業者の経営活動により利益が少ないことには理由があります。理由については様々なものがありますが，共通していえるのは，業務の効率性が悪いということです。業務の効率性が悪いということは，費用対効果が低いということです。噛み砕いて説明すると，無駄なコストが生じている，あるいは工夫をすればもっと利益が得られるのに，工夫をしていないので利益を得られていないということです。

　業界自体で利益率が減少しているという理由もあると思いますが，そのような業界でも，業務を効率化することで利益を上げている事業者もいます。

　利益を上げるということは，業務を効率化することです。どの部分が非効率であるのかを分析し，どうすれば効率化を図ることができるのかに知恵を絞ることが，業務を効率化することであり，利益を上げることにつながるのです。

Chapter 3

02 利益の増大化の具体的事例

(1) 運送業における利益率の増大化

　利益の増大化の方法ですが，これは個々の事業者によって異なります。色々な分析指標を用いて説明しているものや，経営指標を用いて説明している書籍はありますが，経験上，有用と思えるものは少ないです。そこで，ここでは過去に扱った案件で成功したと思われるものをいくつか紹介するにとどめたいと思います。

　まず，運送業の再生事例ですが，運送業では，少子高齢化と2007（平成19）年6月の運転免許制度の変更により，ドライバー不足が深刻化していることや運送業の参入障壁が低いことから過当競争により利益率が低い傾向にありました。筆者が再生に取り組んだ事業者も利益率が低い状況でした。そのような中，多額の資金をかけて倉庫を建設しましたが，資金をかけすぎたために金融機関に対する借入金の弁済ができなくなりました。そこで，当該事業者は，金融機関に対してリスケの申入れをし，申入れと同時に利益の増大化に向けた様々なアクション・プランをとりました。

　例えば，長距離輸送は比較的高額な売上が立ちますが，運送をした後，荷物を積まずに帰ってくることが多く，荷物を積まずに帰ってくるのでは，その分のガソリン代，高速道路代，人件費が無駄になります。そこで，同業他社と情報を共有し，荷物を運んだ後，帰り道も荷物を運送するよう他社から下請とし

て案件を受注するようにし，帰り道の運送案件を受注できなければ，反対に，行きの長距離輸送案件を他社に外注するようにしました。

　また，長距離輸送において，割引率が適用される時間帯に高速道路を走るよう指導等をしました。

　さらに，店舗等への配送案件について，複数の顧客と交渉し，当該複数の顧客の商品を積載して運送する共同配送を行うようにしました。このことで，積載効率を高め，使用される燃料が少なくなり，ドライバー不足にも対応できるようになりました。

　このような効率化を図った結果，当該運送事業者の売上高はそれほど伸びませんでしたが，利益率が改善し，利益が増加しました。

(2)　業態転換による利益率の改善

　また，業態転換により利益率の改善を図った事案もあります。その事案は建築業の事業者の再生事例だったのですが，当該事業者は，従前，高級住宅の建築を手掛けており，優秀な設計士がいたので評判もよく，売上も伸びていきました。しかし，顧客から住宅建築の相談を受けて，長期間かけて設計をし，それでいて受注できないこともありましたので，非常に低い粗利率でした。営業活動を活発にして，売上が伸びれば伸びるほど設計士等に負担が生じた結果，効率性が悪くなり，粗利率が下がり，ひどいときは粗利率が８％程度となりました。

　粗利が低いので，販売費および一般管理費から生じる固定費をまかなうことができなくなり，ついには資金繰り破綻の一歩手前になってしまいました。

　そこで，当該事業者はかかる業態を転換し，顧客から相談を受けて住宅の設計をするのではなく，あらかじめ数種類のプランの戸建住宅を用意し，顧客にそのプランの中から選んでもらうことにしました。また，従前の高級住宅の建築という路線も変更し，比較的安価な住宅を販売し，毎月の住宅ローンの弁済額が家賃並みですよ，ということを謳い文句にしました。

その結果，売上高は一時的に下がったものの，建築にかかるコストが大幅に改善し，粗利率は35％以上となり，利益は以前とは比較にならないくらいの額を計上するようになりました。

(3)　病院の病床転換による利益率の改善

　同じく，業態転換により利益率を図った事案を紹介します。その事案は病院の再生事例ですが，その病院は一般病床（今必要な治療を提供する病院）でした。

　一般病床は，病気になり始めの急性期の患者を対象としています。患者の病状の変化も日によって激しく，病院は患者の状況を常に把握しておく必要があります。入院期間も短く，だいたい２週間くらいが一般的といわれています。一般病床は病気の発見・診断・治療を実施するため，多くの機器や設備を導入しています。検査室・手術室も充実している必要があります。職員も，医師は患者16名に対して１名，看護師は患者３名に対して１名必要となっています。

　このような一般病床に対して，病院には療養病床があります。療養病床は長期にわたり療養を必要とする患者が入院するための病床をいい，療養生活を支援する病院をいいます。療養病床は，病状が安定している慢性期の患者を対象としています。慢性期の患者は，病状は安定していますが在宅で暮らすことは困難で日常的な医療ケアが必要な状態です。そのため，入院期間も長く，３か月から６か月くらい入院していることがほとんどです。療養病床は療養に必要な設備・機器しか導入していません。手術室も存在しない病院もあります。長期利用する人が多いため，病室や談話室は一般病床よりもゆとりある広さです。職員も，医師は患者48名に対して１名で，看護師は患者４名に対して１名必要となっています。そのため，療養病床の方が一般病床に比べると，利益率が高くなる傾向にあります。

　その病院は，周囲に高齢者が多かったこともありますので，その一部を療養病床としました。これにより，労働分配率が改善し，設備機器のコストも低減

化し，結果として利益率が改善し，キャッシュ・フローも黒字化することができました。

(4)　建設業における利益率の増大化

　建設業は，競争が激しいことから，価格勝負中心になりがちであり，利益率が減少しがちです。しかし，営業戦略により，受注率を上げることで粗利率を改善することは可能です。

　例えば，見積りの依頼を受けたとき，漫然と見積書を提出するのではなく，その案件の工期はいつであるのか，得意先が受注している工事であるかどうか，予算は出ているのか，ほかに見積りを出している会社はどこか，について確認をします。もし，自社が受注する可能性が著しく低かったり，工期が先で参考程度の物件であれば，全力で見積りをする必要はありません。これらの情報から，受注を狙いに行くときには，原価の底値を算出するとともに，それをもとに3段階程度の提出価格を設定します。

　そして，見積書を提出するときには，まず，第1段階の金額で様子を見て，近い時期に決めそうな場合には，必要に応じて第2，第3段階の見積書を出します。また，提出するときには，他社の提出状況を聞いたり，いつ頃取決めをする予定であるか，どうすれば自社に発注するかを聞くようにします。こうした準備をしておけば，得意先から指値がきたら，持ち帰って検討するようなことなく，その場で受注を決めることもできるようになります。このように，事前準備をしておくことで無駄な見積りが減り，受注率が上がり，利益率の改善につなげることが可能となります。

　また，建設業では，少額工事については面倒であると思われがちですが，多くは追加工事やメンテナンス工事であるため，発注者もさほど金額を気にしていなかったり，金額よりもスピード重視だったりします。そのため，少額工事をある程度受注することで，利益率を改善することが可能です。

03

会計帳簿の重要性

(1) 月次決算は早めにする

　事業者の非効率な点がどこにあるのかを分析をし，効率化対策を検討するには，事業者の会計帳簿が重要な手掛かりとなります。しかし，会計帳簿の入力が遅れ，タイムリーに試算表が出てこないと，事業者のどの点が非効率であるのかについて分析をしたり，効率化の対策をとるべき事項の検討ができません。

　業績の改善ができない事業者は，会計帳簿の入力が遅れ，分析のもととなる試算表が出てこないことが多いです。業務の効率化を図り，営業キャッシュ・フローを増大化しようと思うのであれば，まずは月次決算を早めにすることから始めるべきです。

(2) 粉飾決算は絶対にしない

　資金繰りが破綻する事業者の中には，粉飾決算をして金融機関から融資を受けている企業があります。

　Chapter2で述べたとおり，粉飾決算をして金融機関から融資を受ける行為は詐欺罪に該当しますし，金融機関からの協力が得られなくなります。

　そればかりか，粉飾決算をしてしまうと，企業の経営成績の実態がわからなくなり，どの点が非効率であり，どのように効率化すればよいのかについての

分析や検討ができなくなってしまいます。

　事業者の会計帳簿は，事業者の実態を表すものです。事業者の効率が悪い部分は，会計帳簿に表れます。粉飾決算は，その効率の悪い部分を隠してしまうことになりますので，効率の悪い部分を改善し，利益の増大化を図る方法を検討する端緒を失うことになります。粉飾決算をしても，事業者の業績がよくなるわけではありません。むしろ，業績改善の方法の検討が困難になってしまいますので，絶対に行うべきではありません。

04

Chapter 3

債権の回収額を増やす

(1) 利益が上がっても債権を回収できなければ意味がない

　一般に，利益が上がれば営業キャッシュ・フローは増えます。しかし，現代社会において，多くの事業者は現金商売をしているわけではなく，将来のある期日に支払うことを約束して売買する掛け取引を行っています。このような掛け取引が行われている取引社会においては，商品を販売したり役務を提供するだけでは十分ではありません。すなわち，商品の販売代金や役務を提供した対価を回収して，初めて営業キャッシュ・フローが増えます。

　この点を認識せず，利益を上げることに集中してしまい，売掛金の回収を疎かにしてしまう事業者が少なからずいます。せっかく，効率よく商品を販売したり，役務を提供して利益を上げたとしても，売掛金の回収をしないのでは，営業キャッシュ・フローは増えません。

　過去の依頼者に，ロシアの鉄道局向けの IC カードを販売している事業者がいました。売上は好調で，ロシアの鉄道局に向けて多額の売上を計上していました。しかし，ロシアが2014（平成26）年３月から EU 諸国による経済制裁を受けるようになったことから，ロシア経済が急激に悪化し，それに伴い鉄道局の業績も落ち込み，事業者に対する売掛金が支払われなくなりました。その事業者は，売上の多くをロシアの鉄道局向けのものに依存していたことから，その売掛金が支払われなかったことで，たちまち資金繰りが厳しくなりました。

46

　このように，いくら売上を上げようと，いくら利益を上げようと，売掛金を回収できなければ営業キャッシュ・フローは増えないので，意味はありません。業績の良い事業者には，きちんと売掛金の回収まで考えているところが多いです。したがって，営業キャッシュ・フローを増やすには，売掛金の回収を増やすことを心掛けるべきです。

(2)　病院の返戻

　病院の売掛金の多くは健康保険と社会保険ですので，とりはぐれがないと思っている人もいるようです。しかし，病院が健康保険や社会保険に対して提出する医療報酬の明細書（レセプト）に不備があると，レセプトは返戻され，健康保険や社会保険から支払がなされません。

　この戻ってきたレセプトについては，不備を補正し，再度提出すれば支払がなされますが，戻ってきたレセプトについて，再提出せずにそのまま放置しているところが少なからずあります。2年間経過すると，医療費を請求することはできなくなります。このレセプトの不備を補正し，再提出をこまめに行うだけでも，営業キャッシュ・フローはかなり改善するので，病院の経営改善にあたっては，この点を注意してみるとよいと思います。

05 人件費の削減

(1)　整理解雇

　経営者としては，現状のままでは事業を継続することが困難な場合に，労働者を解雇することも検討しなければなりません。解雇のうち，経営不振による合理化など，経営上の理由に伴う人員整理のことを整理解雇といいます。

　整理解雇を行うためには，①会社の存続のため，やむを得ず人員削減をせざるを得ない事情があること，②整理解雇を避けるための経営努力をしたこと，③整理解雇の対象者を選ぶ際には客観的で合理的な基準を設定し，これを公正に適用して人選をすること，④整理解雇にあたり，労働組合や労働者への説明，協議，納得を得るための手順を踏んでいること，といった4つの要件を満たす必要があります。

(2)　休　業

　事業者の経営が悪化した場合，労働者を整理解雇することを検討しなければなりません。しかし，事業者の経営が悪化している原因を考え，回復の見込みがあるのであれば，いったん労働者を休業させ，回復したときに復帰させるということも選択肢の1つになり得ます。

　労働基準法では，使用者の責に帰すべき事由による休業について定めており，

使用者の都合によって労働者を休業させる場合には，平均賃金の100分の60以上の手当（休業手当）の支払を義務づけています（労働基準法26条）。なお，使用者の都合で休業させた場合で一定の条件に該当すると雇用調整助成金を受給できることがありますので，積極的に活用するとよいと思います。

(3)　一時帰休

　一時帰休とは，不況による業績悪化や感染症の拡大などに伴い，事業者が一時的にすべての事業または一部の事業を停止し，一定期間にわたり継続して，あるいは就業時間中に断続して，労働者を休業させる制度です。労働協約や就業規則などに，事業者の業績上必要があるときに一時帰休の命令ができるとの定めがあれば，事業者が従業員に対して一時帰休を命じることができます。一時帰休は解雇とは違いますので，従業員としての地位は失いません。

(4)　出　向

　出向とは，労働者が雇用先に身分（籍）を残したまま，他の事業者で勤務することをいいます。余剰人員を出向という形で事業者の外にいったん出すことで，その間に経営状況を立て直すことが可能になります。出向先の事業者が人手不足で困っている場合には，出向させる側と出向を受け入れる側の両社にとってメリットは大きいといえます。

　また，労働者の解雇は，事業者の経営状態が悪化していたとしても難しいのが現状です。特に，整理解雇を行うためには，解雇を回避するために他の手段を尽くしたといえる必要があります。裁判例では，出向は，解雇を回避するための手段としての側面があると認められています。そのため，解雇を行う前に出向命令を検討することは1つの方法です。

(5)　雇用調整助成金

　経済上の理由により，事業活動を縮小せざるを得なくなってしまった事業主が，雇用している労働者を解雇せずに，労働者を一時的に休業や出向をさせる，教育訓練を受けさせるなどの方法をとる場合に利用できるのが雇用調整助成金です。

　雇用調整助成金は，事業主が「経済上の理由」により，「事業活動の縮小」を余儀なくされ，「労使間の協定」に基づいて①労働者を休業させる場合，②出向させる場合，③教育訓練を受けさせる場合に支給されます。

　したがって，労使間で事前に協定し，①ないし③の雇用調整を実施する必要があります。協定では，休業手当の支払率やどの程度の期間休業を行うのか，休業対象者は誰か等の取決めを行います。労使協定は，労働者の過半数で組織する労働組合がある場合にはその労働組合との間で行い，労働組合がない場合には労働者の過半数を代表する者との間で書面により行う必要があります。

　助成金の対象となる従業員は，雇用保険の加入期間が6か月以上であることが必要です。

　雇用調整助成金の支給は，1年の期間内に実施した休業・教育訓練・出向について支給対象となります。支給を受けられる日数は1年間で100日分，3年で150日分が上限となり，過去に受給していた場合は1年間以上空けないと受給することができません（クーリング期間）。

Chapter3

06 店舗の撤退

(1) 原状回復の免除

　特に小売業などで，複数の店舗を出店している場合，事業者は採算のとれていない店舗からの撤退について検討すべきです。

　店舗を撤退する場合に最も悩ましいのが原状回復です。店舗から撤退すると決意をして解約予告を出した後に，その期間内に次の後継テナントがもしも決まらなかった場合は基本的には契約書どおりにスケルトン戻しを要求されます。

　どんな店舗を営んでいたかにもよりますが，原状回復をするにはそれなりの費用がかかってしまいます。飲食店舗の場合は店舗の内装造作を残しておいた方が次の後継テナントが決まりやすい場合も多く，そこが交渉のポイントになります。

　飲食店の内装を作るのに1坪で50万～100万円の工事費がかかるといわれておりますので，20坪の店舗であれば，坪50万円の工事費で作ることができたとして1,000万円もの費用がかかります。

　また，工事費用の大部分はエアコン等の空調，厨房等の水回りの箇所となり，この部分を残すことで，次のテナントはそのまま内装を利用できれば，安く，早く出店ができるので非常にプラスになり，賃貸人にとっても次のテナントが見つかりやすくなるのでメリットになります。

　したがって，店舗を撤退する場合には，このようなメリットを賃貸人に説明

し，可能な限り原状回復を免除してもらうようにすべきです。

(2)　保証金の償却免除

　店舗を借りる際に基本的には保証金がかかります。東京都内では通常６か月から12か月分の賃料相当額を保証金として預けます。昔の賃貸借契約では，賃料の20か月分以上の保証金を預けていることもあります。かかる保証金ですが，通常は賃貸借契約の解約時に，賃料の１～２か月分相当額が保証金から差し引かれます。

　この差し引かれる保証金について，賃貸人との交渉によっては差し引かれずに戻ってくる場合があります。例えば，賃貸借契約を解約するにあたり，後継テナントを見つけ，自らが賃貸借契約を解約した後，すぐに賃貸人と後継テナントとの間で賃貸借契約を締結できるようにすることができれば，賃貸人には，空室リスクがなくなります。そのような手配をすることで，保証金からその一部が差し引かれることを免除してもらえる可能性があります。

(3)　違約金の免除

　賃貸借契約によっては，契約を解約したときに，違約金が発生するとの定めがある場合がありますが，かかる違約金についても，賃貸人によっては，交渉によって免除されることがあります。

　これも原状回復の免除や保証金の償却免除のときと同じことですが，賃貸借契約を解約するにあたり，後継テナントを見つけ，自らが賃貸借契約を解約した後，すぐに賃貸人と後継テナントとの間で賃貸借契約を締結できるようにすることで，違約金を免除してもらえる可能性があります。いずれも，賃貸人にとって，メリットのあることを提案することで，賃貸人に支払を免除してもらうことがポイントです。

Chapter 3

07

賃料の減額の方法

　賃料が高い場合，経営者は，賃貸人と交渉をして，賃料の減額に努めるべき
です。

　建物の賃料については，「土地若しくは建物に対する租税その他の負担の増
減により，土地若しくは建物の価格の上昇若しくは低下その他の経済事情の変
動により，又は近傍同種の建物の借賃に比較して不相当となったとき」（借地
借家法32条１項）に増減請求できると規定されています。近隣の建物の借賃と
比較して賃料が高い場合には，賃料の減額を請求することができます。

　なお，賃貸借契約書の条項に「契約期間中，賃料の増減はしない。」との特
約がある場合があります。借地借家法32条１項ただし書には，「一定の期間建
物の借賃を増額しない旨の特約がある場合には，その定めに従う」との定めが
ありますが，減額しない旨の特約がある場合には，その定めに従うとの規定は
ありません。借地借家法32条１項は強行法規ですので，仮に減額しない旨の特
約があったとしても借地借家法32条１項が適用され，減額請求はできます。た
だし，例外的に，定期借家契約の場合だけは，減額しない旨の特約も有効に設
けることができますので注意が必要です。

　賃料減額請求の効果は，その意思表示が相手方に到達した時点で発生すると
されています。そのため，賃料の減額を求める場合には，まず，賃貸人に対し
て賃料減額請求をすることが必要です。賃借人が減額請求をした際，賃貸人が
直ちに減額を認めてくれる場合は少なく，意見がまとまるまで時間がかかるケ

ースがほとんどです。

　その場合，賃料が確定するまでの間は，賃貸人が「相当と認める額」の賃料
として，暫定的に賃借人は従来どおりの賃料相当額を支払う必要があります
（借地借家法32条3項）。

　従来どおりの賃料を支払わずに，賃借人自身が妥当だと思う額を勝手に減額
して支払った場合，債務の一部不履行とみなされる可能性があるため注意が必
要です。暫定的に支払った賃料が，後に訴訟等で確定した賃料を超えていた場
合，賃料確定後に清算され，賃貸人が超過額に年1割の利息を付けて賃借人に
返還することになります。

Chapter 4

私的整理で財政状態を健全化する

01

私的整理の意義と種類

(1) 財政の健全化を図る必要性

　営業活動から生じるキャッシュ・フローが黒字化したとしても，事業者が多額の債務を抱えていると，多額の借入金の返済や利息の支払が発生し，結局は事業者の全体的なキャッシュ・フローはほとんど増えないということになります。そのような状態が長く続くと，事業者は，必要なときに必要な投資をすることができず，結果として事業が先細ってしまうということになります。

　そのため，多額の債務を抱えている場合には，債務を整理し，身軽になる必要があります。

(2) 私的整理とは

　債務整理の手続には，大きく分けて，私的整理と法的整理があります。

　私的整理とは，民事再生法や会社更生法といった法律の定めた手続ではなく，裁判所の関与しない債務整理手続をいいます。

　民事再生や会社更生のような法的整理は，債務整理手続に入ったことが官報に公告され，対外的に知られてしまいますし，取引先も含めたすべての債権者を巻き込んでしまいますので，事業を毀損してしまう可能性が高くなります。

　これに対して，私的整理は金融機関だけを対象に手続を進めますので，取引

図表　4 - 1　私的整理と法的整理の比較

手続の種類	長所	短所
私的整理	・金融機関だけを対象とし，取引先に影響を与えないで済む ・対外的に知られないで済む ・柔軟な手続や弁済計画を作成することができる	・対象債権者全員の同意が必要となる ・整理屋などの介入のおそれがある ・手続の公平性・透明性について債権者の信頼を得にくい場合がある
法的整理	・裁判所により手続の公平性・透明性が確保される ・担保権の実行を中止できることがある	・取引先も含めたすべての債権者が巻き込まれる ・対外的に知られてしまう

先に影響を与えないで済みますし，対外的に債務整理をしていることが知られないで済みます。

　また，民事再生や会社更生は，手続が法律で定められていますが，私的整理は法律上の定めがありませんので，柔軟に手続を進めたり柔軟な弁済計画を定めることが可能です。そのため，債務整理により財政状態を健全化する場合には，まず，私的整理で進めることができるかどうかを検討することになります。

　そして，債務整理をしなければ事業が破綻してしまう状況において，私的整理で債務整理を進めることができない場合には，法的整理で債務整理を進めることとなります。

(3)　純粋私的整理と準則型私的整理

　私的整理は，上記のようなメリットがある反面，手続の公平性や透明性を確保することができず，債権者の信頼を得にくい場合があります。そのため，債権者の理解が得られず，債務整理が進まない可能性があります。

　このような私的整理のデメリットを補うべく，私的整理を行うにあたっての

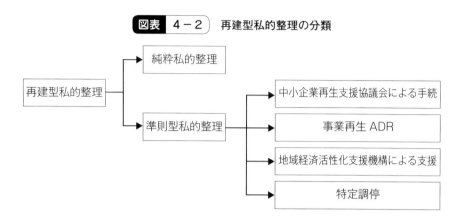

図表 4-2 再建型私的整理の分類

再建型私的整理
- 純粋私的整理
- 準則型私的整理
  - 中小企業再生支援協議会による手続
  - 事業再生 ADR
  - 地域経済活性化支援機構による支援
  - 特定調停

準則・ルールが定められている場合があります。一定の準則・ルールに基づく私的整理のことを準則型私的整理といいます。準則型私的整理としては中小企業再生支援協議会による再生支援手続, 事業再生 ADR, 地域経済活性化支援機構による再生支援手続, 特定調停があります。なお, 準則型私的整理によらない私的整理のことを純粋私的整理と呼ぶことがあります。

　私的整理で債務整理を進めることが不可能ではないものの, 金融機関が複数ある場合や企業の規模が大きい場合等には, 準則型私的整理で債務整理を進めることが求められます。

02 純粋私的整理の流れ

　純粋私的整理の手続については，特に進め方について定めたものはありませんが，①事業者の経営状況と財務状況の調査，②事業再建計画と弁済計画の立案，③債権者との交渉，④債権者との合意，⑤モニタリングという流れで進めるのが一般的です。

(1)　事業者の経営状況と財務状況の調査

　まず，私的整理を行うには，事業者の経営状況と財務状況を調査することが必要になります。

　事業者の経営状況の調査は，その後に事業者が作成する事業再建計画の基礎となるもので，事業改善計画の信用性を担保するために行います。また，財務状況の調査は，債権者に，事業者が債務整理を始めた時点で破産をした場合よりも弁済計画による弁済の方が，債権者にとって経済的合理性があることを説明するための基礎資料となります。

(2)　事業再建計画と弁済計画の立案

　次に，事業者の経営状況と財務状況の調査を踏まえて，事業再建計画と弁済計画を作成します。

事業再建計画は，弁済計画に基づく弁済ができることを示す資料となりますので，実現可能性のある計画であることが必要です。

　また，債権者にとって，事業者の作成した弁済計画に同意することは，事業者に対する金融支援をしたことと同じ意味があります。債権者が事業者に金融支援をするには，事業者が可能な限り自助努力をすることが必要となります。そのため，事業再建計画には，事業者が事業再建に向けたアクション・プランを盛り込むことが必要です。そのようなアクション・プランを盛り込んだ事業再建計画をもとに，可能な限り債権者に弁済をすることを内容とした弁済計画を作成する必要があります。

(3)　債権者との交渉

　事業再建計画と弁済計画を作成したら，私的整理を行う旨を債権者に連絡し，交渉を開始します。交渉にあたっては，私的整理に至った経緯，事業者の経営状況と財務状況，事業再建計画と弁済計画を説明し，債権者から同意を得られるよう説得します。債権者との交渉にあたっては，債権者から，債権者同士が情報共有をするために，バンクミーティングを開催することを求められることもあります。

　債権者との交渉の過程で，必要に応じて事業再建計画や弁済計画を修正します。

(4)　債権者との合意

　事業者が作成した弁済計画について，対象となる債権者全員との間で合意できれば，私的整理での債務整理は成功です。

　どうしても弁済計画に合意をしてくれない債権者がいる場合には，特定調停の申立てをして，特定調停手続で合意を得ることを試みることとなります。

　特定調停でも合意に至らない場合には，中小企業再生支援協議会や事業再生

ADR の利用や，法的整理の利用を検討することとなります。

(5)　モニタリング

　弁済計画について債権者から合意を得られたとしても，事業者が作成した事業再建計画を実行できなければ意味がありません。そのため，弁済計画が成立した後も，債権者が事業再建計画の遂行状況等を監視するのが一般的です。

　債権者は，事業者の事業再建計画の遂行状況を継続的に確認し，遂行可能性を検証するとともに，必要に応じて事業者に対して改善要求を行います。

03 私的整理で留意すべき事項

(1) 基本理念

　私的整理手続の一般的な流れは，前述のとおりですが，必ずしもこのような流れによらなければならないわけではなく，事案に応じて柔軟に手続を進めることができますし，解決方法も柔軟に考えることができます。

　しかし，実際に手続を進めるときには，民事再生や会社更生といった法的整理の規定や手続の流れを意識して進めるのが一般的です。

　特に，倒産手続では，衡平性と透明性を確保することが重要です。

(2) 衡平性

　民事再生や会社更生のような法的整理では，同じ債権については平等に取り扱わなければならないとされております（民事再生法155条1項本文，会社更生法168条1項本文参照）。これは，実体法上同じ性質の権利について不平等な取扱いをすることは実体法秩序を無視することになりますし，債権者の合理的な期待に反するからです。

　しかし，民事再生も会社更生も，実体法上は同じ性質の権利であっても，債権の発生原因などの個別・具体的事情を考慮して，取扱いに差を設けることが衡平に合致するときには，合理的な範囲で差を設けることを許容しています。

すなわち，法は，債権者間の平等を原則としつつ，合理的な範囲で差異を設けることを許容する衡平性を求めています。

　この衡平性の理念は，私的整理にも妥当すると考えられており，私的整理で手続を進めるにあたっても原則として債権者を平等に取り扱い，差異を設けるとしても合理的な範囲でなければならないとされています。

(3)　透明性

　法的整理では，情報を債権者に対して開示し，債権者集会で再生計画案について多数の債権者の賛成を得られなければ可決されません。そのため，法的整理でも債権者に対して十分な情報を開示して理解を得ることが求められており，手続の透明性が図られています。

　私的整理は，法的整理と異なり，多数決原理が働かず，対象となる債権者全員と合意できなければ成立しません。債権者は，事業者の事業再生や債務整理の内容について十分な説明を受けて十分理解しなければ，私的整理での再建計画や弁済計画に合意してくれません。したがって，私的整理では，法的整理以上に債権者に対して十分説明し，理解してもらう必要があり，手続の透明性が求められています。

(4)　経済的合理性

　このように，私的整理でも衡平性と透明性を確保することが重要となっています。さらに，私的整理の事業再生では，債権者にとって，経済的合理性のある弁済計画にする必要があります。

　再生型の法的整理でも，破産をしたときの配当額よりも多くの弁済を債権者にしなければならないという清算価値保障の原則（民事再生法174条2項4号）があります。

　私的整理で求められる「経済的合理性」とは，法的整理でいうところの清算

価値保障原則に相当するものです。破産をしたときの配当額よりも多くの弁済を債権者にしなければ，債権者としては私的整理に同意するメリットはありません。そのため，私的整理での弁済計画では，破産をしたときの配当額よりも多くの弁済を債権者にすることが求められています。

Chapter4

04 経営状況と財務状況の調査

(1)　調査の意義

　私的整理を行うには，事業者の経営状況と財務状況を調査することが必要になります。

　事業者の経営状況の調査は，その後に事業者が作成する事業再建計画の基礎となるものです。事業者は，この経営状況の調査で問題点を把握し，その問題点を改善することで経営状況が改善されると考えられます。後に事業者が作成し，債権者に提示する事業改善計画は，この経営状況の調査で把握した問題点を改善することで，業績が良くなることを前提に作成します。そのため，事業者の経営状況の調査は，後に債権者に提示する事業改善計画の信用性を担保するものといえます。

　また，私的整理では，事業者が債務整理を始めた時点で破産をしたと仮定した場合の配当よりも，弁済計画による弁済の方が債権者にとって利益があるものでなければ，債権者は弁済計画に合意してくれません。そのため，事業者が債務整理を始めた時点で破産をしたと仮定した場合の配当率を求める必要があります。

　これらの理由から，事業者は債務整理をするにあたって，財務状況の調査をし，債権者に報告する必要があるのです。

⑵　調査は専門家に依頼をする

　経営状況と財務状況の調査については，公認会計士等の専門家に依頼するのが一般的です。これは，ある程度中立的な立場の専門家による調査の方が，債権者から信頼を得られやすいからです。

　専門家に依頼をすると費用がかかりますが，認定経営革新等支援機関（認定支援機関）に依頼をすれば，補助金が出ますので，費用を抑えることが可能です。認定経営革新等支援機関（認定支援機関）とは，中小企業支援に関する専門的知識や実務経験が一定レベル以上にある者として，国の認定を受けた支援機関（税理士，税理士法人，公認会計士，中小企業診断士，商工会・商工会議所，金融機関等）をいいます。

Chapter4

05 事業再建計画の策定

(1)　事業再建計画の位置づけ

　債権者にとっては，自己の債権が，いつ，いくら弁済されるのかが最も重要な関心事といえます。そのために弁済計画を策定しますが，弁済計画の裏づけとなる弁済原資は，事業者の今後の事業から生じるキャッシュ・フローです。そのため，事業再建計画は，弁済計画の裏づけとなる弁済原資がきちんとしていることを示すために必要なものです。

　事業再建計画は，損益計画，投資計画，リストラ計画およびタックスプランニングをもとに組み立てられた資金計画等からなります。そのうえで，弁済計画が立案されて，弁済額が確定されるという手順になります。

(2)　損益計画

　損益計画は，事業者が窮境原因を除去して，可能な限りの努力をして弁済原資の基礎となる利益を確保することが求められるとともに，合理的で実行可能であることとその合理性および実行可能性を客観的な根拠をもって説明できることが求められます。そのため，損益を構成する各種数値（売上高，売上原価，販売費および一般管理費，利息費用等）について，過去の実績数値の推移や施策の効果等を踏まえたうえで，今後の再建にかかる各種施策がどのような改善

67

効果をもたらしていくのかを検討します。

　なお，債権者からは，事業継続の意義，弁済の極大化等の観点から，売上や利益が拡大していく損益計画の立案を求められがちですが，無理な損益計画は合理性や実現可能性の点から問題がありますし，利益が増加すれば課税も増えますので，弁済原資の上乗せ効果はそれほど大きくならないことに留意が必要です。

(3)　投資計画

　窮境に陥った事業者は，設備を適切に維持するための修繕を含め，最低限の投資すら行うことができず，事業そのものが弱体化していることも少なくありません。そのようなケースでは，投資を行わないことには，利益の確保はおろか，事業の継続までも困難となってしまうおそれがありますので，必要な修繕または新規の設備投資等も検討し，計画に織り込む必要があります。

(4)　リストラ計画

　事業再建計画を立案するうえで，従来と変わらないコスト体質では弁済原資の確保自体が困難ですし，そもそも債権者の賛同も得られませんので，事業再建計画には，コスト削減へ向けたリストラ計画を織り込み，事業者として最大限の自助努力の姿勢を示す必要があります。具体的には，役員報酬のカット，人員削減，不採算事業の整理，遊休資産の処分，不要不急の交際費や広告宣伝費などの冗費のカット等が考えられます。

(5)　タックスプランニング

　事業再建計画を立案するうえで，継続事業の課税所得や資産売却等に伴う課税所得，繰越欠損金の利用可能年度等が重要なポイントになります。

(6)　資金計画

　損益計画，投資計画およびリストラ計画とそれらのタックスプランニングを基礎としてキャッシュ・フローを計算します。計画期間中に資金ショートを起こすことがないように慎重に策定する必要があります。資金ショートを起こしそうな場合には，優先する債務の弁済や，支払条件の悪化等にも留意する必要があります。また，必要に応じてプレDIPファイナンス等の資金手当も検討します。

Chapter 4

06 リスケジュール（リスケ）

(1) 金融支援の種類

　私的整理による債務整理は，全債権者を対象として債権カット等を求めるのではなく，金融機関に対して支援を求め，金融面から支援を受けることで債務整理を行います。

　金融機関に対して求める金融支援としては，大きく分けて，リスケ，債権カット（債権放棄），DES，DDS があります。

図表 4-3　金融支援の種類

リスケジュール

DDS

DES

債権カット

効果が大きい

(2)　リスケの意義

　リスケとは，借入金の弁済条件を見直し，一定期間，元本の返済を減額し，または据え置く等の変更をすることをいいます。事業者が延滞状態にある場合には，リスケを行うことによって，失期状態（債務者の有していた「期限の利益」が喪失され，債権者が債務者に対して債権全額の請求ができる状態）を解消することができます。場合によっては，新規の資金調達を受けやすくなるため，金融機関としても，金融再生法に基づく開示債権からの除外や貸倒引当金の戻入れが可能になるというメリットもあります。

　リスケは，実務上よく用いられ，最初に検討すべき金融支援の方法として広く認知されています。

(3)　リスケが適当である場合

　リスケは，通常，自主再建を前提として，今後得られるキャッシュ・フローから合理的な期間内に金融機関からの借入金を返済することが可能な場合にとり得る金融支援です。

　金融機関からの借入金の返済が可能な「合理的期間」は，実質的債務超過状態の解消に要する期間と要償還債務の償還期間の2つの観点から検討します。

　まず，事業者が実質的に債務超過状態にあるときは，事業再建計画の成立後に最初に到来する事業年度の開始の日からおおむね3年以内を目途に実質的債務超過状態を解消する事業再建計画であることが求められています。ただし，中小企業の場合には，リストラの余地も小さく黒字化や債務超過の解消までに時間がかかることが多いため，実質的債務超過状態の解消は5年以内が目途となっています。

　また，償還年数の基準としては，実質的債務超過状態の解消後における要償還債務（有利子負債 − 現預金 − 正常運転資金）の対キャッシュ・フロー比率がおおむね10倍以下であることが求められています。

すなわち，リスケによる金融支援を受けるためには，実質的債務超過状態に
あるときは15年以内を目途に有利子負債を完済できることが必要であり，実質
的債務超過状態までに至っていないときは10年以内を目途に有利子負債を完済
できることが必要であると考えられます。なお，合理的な事情がある場合には，
さらに長期の返済期間を前提とするリスケも許容されますが，あまりにも長期
の返済期間は，事業者にとって好ましいものではありません。

(4)　弁済額を決める基準

　複数の金融機関とリスケをする場合，各金融機関に対して弁済額をどのよう
に割り付けるのかを検討する必要があります。具体的には各金融機関の利害状
況に応じて弁済額を按分することになりますが，按分の基準については，借入
れの残高を基準とする残高プロラタ，担保によって保全されていない被保全債
権の残高を基準とする信用プロラタの2つの考え方があります。いずれにして
も，債権者の取扱いについては，実質的公平を確保することが必要です。

Chapter 4

07 債権カット

(1)　債権カットの意義

　リスケによる金融支援だけでは事業再生を図ることが困難な場合，リスケ以外の金融支援を検討します。

　リスケ以外の金融支援のうち，債権カット（債権放棄）は，債権者から直接的に債務を免除してもらう金融支援をいいます。

　債務超過の解消のために，事業者の自助努力等だけでは不足する場合に，実質的債務超過額の範囲で，債権者として過剰支援とならないよう事業計画を精査して債権放棄額を決めます。

図表 4－4 　債権カットを求める金額のイメージ

⑵　金融支援額の配分方法

　債権カットによる金融支援額は，原則として，債権者である各金融機関の被保全債権（担保権で保全されていない無担保債権部分）を基準に按分して決めます。

⑶　債権カットの方法

　債権カットは，債権者にとって，債権が回収できなくなるだけでなく，モラルハザードを誘発するおそれがあること，寄附金課税の問題が生じることから，特に金融機関は債権カットによる金融支援をすることには消極的です。そのため，金融機関が直接債権カットに応じることはほとんどありません。

　金融機関が債権回収を諦めるとしても，直接債権カットをするのではなく，サービサーに売却して処理することが一般的です。企業は，サービサーが金融機関から債権を買い取った後は，サービサーとの間で債権カットの交渉をすることとなりますが，サービサーは金融機関から債権金額よりも安い金額で債権を買っていることが通常ですので，債権カットは金融機関よりも応じてもらいやすいのが一般的です。

　また，金融機関が債権カットに応じるとしても，直接債権カットをする場合には寄附金課税の問題が生じることから，事業再生ファンドを利用したり，第二会社方式を用いて債権カットをすることが多いです。

Chapter 4

08 第二会社方式

(1)　第二会社方式とは

　第二会社方式とは，取引債務と事業価値相当額の金融債務を会社分割ないし事業譲渡により承継し，事業価値相当額を超える金融債務は従前の旧会社に残しておき，旧会社を特別清算等して，債権者から事実上債権カットをしてもらう方法をいいます。

　第二会社方式には，単純に対象債権者から過剰債務を免除してもらうことを目的として行い，承継後の会社で従前どおり事業を継続する場合と，スポンサーから支援を受けることを目的として，スポンサーに事業を承継する場合があります。

図表 4−5　第二会社方式

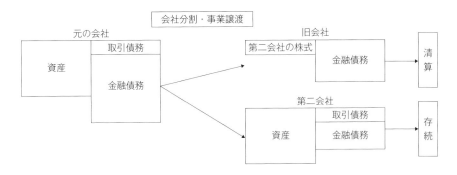

⑵　第二会社方式のメリット

　第二会社方式は，事業者からすると過剰債務を免除してもらえ，事業の安定的継続が可能となります。民事再生とは異なり，取引業者に対する債権についてはすべて第二会社に承継することができますので，事業価値の毀損も最小限に留めることが可能です。

⑶　第二会社方式の問題点

　第二会社方式は，裁判所を活用しない私的整理で行う手法のため，手続の衡平性・透明性に疑義を持たれてしまうことがあります。そのため，事業者としては，手続の衡平性や透明性を確保するために尽力する必要があります。手続の衡平性や透明性を確保することが困難であれば，純粋私的整理ではなく，中小企業再生支援協議会等の公的機関を利用して手続を進めるべきです。

　次に，第二会社方式は，事実上の債権カットであることから，債権者の理解を得られにくいということがあります。特に，スポンサーに事業を承継するのではなく，従前の経営者がそのまま事業を継続する場合には，経営者責任の点からも理解が得られないことがあります。

　また，第二会社方式で用いられる会社分割や事業譲渡は，株主総会の特別決議，すなわち，株主総会において議決権を行使することのできる株主の議決権の過半数を有する株主が出席し，出席した株主の議決権の３分の２以上の議決権を有する株主の賛成を得られなければできませんが，株主総会の特別決議が得られない場合には私的整理で実行することはできません。

　さらに，許認可が必要な事業の場合，第二会社への許認可の承継ができないことがあります。

⑷　濫用的会社分割

　2014（平成26）年に改正される前の会社法では，会社分割の際に，会社分割後も引き続き分割会社（旧会社）に債務の履行を請求することができる債権者は債権者保護手続の対象外とされていました。そもそも会社分割の際に，新会社に債務を移転しないこととされた債権者や，新会社に債務移転された場合でも，会社分割と同時に，新会社と旧会社が連帯して債務を承継したり，旧会社が新会社に承継された債務を連帯保証した場合には，債権者は会社分割に対する異議申立ての機会が保障されておらず，会社分割無効の訴えもできませんでした。かかる法律に着目し，弁護士やコンサルタントが，会社分割を利用した事業再生を推奨し，債権者の理解を得ないまま会社分割を行うということが横行しました。

　しかし，最高裁判所は，2012（平成24）年10月12日，旧会社の残存債権者は，詐害行為取消権を行使して新設分割を取り消すことができると判示しました。また，2014（平成26）年の会社法改正により，旧会社の債権者を害することを知って吸収分割をした場合には，旧会社に残された債権者は，新会社に対して，承継した財産の価額を限度として，当該債務の履行を請求することができることが認められました。

　このようなことから，第二会社方式を利用する場合には，債権者と十分に協議し，理解を得ることが重要です。

09 サービサーと再生ファンド

(1) サービサーとは

　サービサーとは，債権管理回収業に関する特別措置法（サービサー法）に基づいて法務大臣から営業の許可を得たうえで設立された株式会社です。サービサーは，金融機関等から依頼を受けて債権の管理回収業務をしたり，債権を買い取って債権を回収する業務を行っています。

(2) 再生ファンドとは

　再生ファンドとは，経営不振や経営破綻になった事業者に対して，投資家などから集めた資金をもとに債権の買取りや出資などを行い，事業者を再生させて株式公開や株式譲渡によって収益を上げることを目的にするファンドのことです。

(3) スキーム

　事業再生にサービサーや再生ファンドがどのように関与するかについてですが，サービサーや再生ファンドが関与する事業再生スキームは様々です。その中でも比較的よく利用される方法は，次の２つのパターンです。

〈パターン1〉

① 金融機関が有している金融債権を額面価額よりも低い金額でサービサー
　または再生ファンドが譲り受けます。

② ①の後，サービサーまたは再生ファンドが譲り受けた金融債権の一部を
　会社分割で第二会社承継会社に承継させます。

③ 第二会社が資金を調達して，会社分割で承継した金融債権をサービサー
　または再生ファンドに弁済します。

④ ②で第二会社に承継しなかった金融債権は，旧会社を清算することで最
　終処理します。

図表 4−6 事業再生スキーム〈パターン1〉

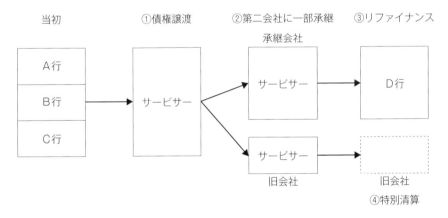

〈パターン2〉

① 金融機関が有している金融債権を額面価額よりも低い金額でサービサー
　または再生ファンドが譲り受けます。

② 資金を調達して，金融債権の一部をサービサーまたは再生ファンドに弁
　済します。

③ ②の弁済後に残った金融債権は，和解などで債権カットを受けるか，経
　営者等に譲渡してもらいます。

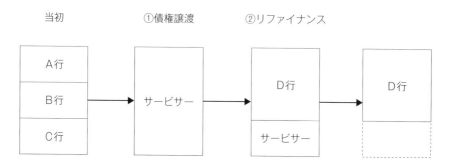

図表 4−7 事業再生スキーム〈パターン2〉

当初 ①債権譲渡 ②リファイナンス

| A行 |
| B行 |
| C行 |

サービサー

| D行 |
| サービサー |

| D行 |

③債務免除または
経営者に譲渡

(4) サービサーや再生ファンドによる再生スキームの意義

　サービサーや再生ファンドに債権が譲渡された場合，サービサーや再生ファンドは，一般的にかなり低額で債権を譲り受けていることが多いので，その譲受けのために支払った代金を債務者である事業者が一定程度上回る金額を支払うことができれば，残額は債権カットをしてもらえる可能性があります。その意味で，金融機関と交渉するよりも，債権カットをしてもらえる可能性は高いといえます。

　しかし，最近は，サービサーが金融機関から債権を買い取るにあたり，サービサー間での競争が激しいことから，買取金額が高額になっていることが多く，従前のようには多額の債権カットを受けられないケースも増えています。

　また，サービサーや再生ファンドの債権買取は，債務者である事業者が主導でできるものではないので，必ずしも利用できるものでもありません。

　さらに，再生ファンドについては，相当厳しい内容の協定書や合意書の締結を求められることもあります。例えば，一定の条件が付いた場合の不動産の売却義務や取締役派遣条項を求めてくる可能性があります。

Chapter 4

債権カット以外の金融支援

(1)　DES

　DESは，債務（Debt）を資本（Equity）に転換（Swap）する金融支援の方法です。債務が圧縮される点では，債権カットと同じですが，債務が資本に転換されて資本が増加する点で債権カットとは異なります。

　債権カットでは，モラルハザード（倫理観・道徳の欠如）を誘発するおそれがありますが，DESの場合，債権者は株主として残りますので，モラルハザードを抑制でき，事業再生の暁には，株式価値の増加を株主として享受できるメリットがあります。

　この点に関し，銀行は，国内の会社の総株主の議決権の5％を超える議決権を取得・保有することを禁止されています（いわゆる「5％ルール」）が，合理的な経営改善のための計画の一環として行われるDESについては，一定の条件で適用が除外されます。

　DESは，対象事業者が上場会社でない場合，銀行は取得した株式を換価して回収することは困難ですし，償還条件付きDESスキームが採用されていたとしても事業者から資金を受領するには分配可能利益が必要になることから，実際に利用したとしてもエグジットが困難です。また，債権者が株主となることによる経営介入や配当負担，資本金増加による登録免許税の負担や資本金1億円超となれば外形標準課税の対象となること等，デメリットも多くあります。

⑵ DDS

　DDS（Debt Debt Swap）は，債権を劣後債権に転換する金融支援の方法です。

　債務の減少につながるのではなく，財務内容を直接改善するものではありませんが，劣後債権に転換することで返済を後回しにしてもらったり，金利を下げてもらうことになりますので，キャッシュ・フローを改善する効果があり，結果として，財務内容の改善が期待できます。

　また，金融機関にとっても債権のカットではなく，劣後化されたとはいえ債権が残るため回収可能性がありますし，劣後化された債権の全部または一部を自己査定上資本とみなすことができれば，対象企業の債務者区分をランクアップさせることが可能となります。金融機関としては，債権カットには応じられないものの，支援継続の意思がある場合における債権カットに近い中間的な支援方法と位置づけられています。

Chapter 4

準則型私的整理の歴史

(1) 私的整理ガイドライン

　私的整理は，柔軟な手続や解決が可能である反面，手続の衡平性や透明性を確保することができず，債権者の信頼を得にくい場合があります。そのため，債権者の理解が得られず，債務整理が進まない可能性があります。

　このような私的整理のデメリットを補うべく，私的整理を行うにあたっての準則・ルールが定められている場合があります。一定の準則・ルールに基づく私的整理のことを準則型私的整理といいます。

　この準則型私的整理について説明する前に，簡単にその歴史について説明したいと思います。

　この準則型私的整理手続が登場したのは，2001（平成13）年9月に公表された私的整理に関するガイドライン（以下「私的整理ガイドライン」といいます）が最初です。バブル崩壊後の経済の長期停滞によって，1997（平成9）年初頭から大型倒産が連鎖的に発生し，金融機関の破綻も続出する事態に陥りました。

　2000（平成12）年4月から民事再生法が施行されましたが，政府は，2001（平成13）年4月の緊急経済対策において，「企業再建の円滑化」と「金融機関の債権放棄等の円滑化」を掲げました。これを受けて，全国銀行協会と経団連を中心に，金融機関の不良債権の早期処理を目的とした私的整理に関する指針の策定が開始され，同年9月，私的整理ガイドラインが公表されました。

この私的整理ガイドラインは，金融界と産業界が協力して，私的整理に公正と衡平を確保するために定めたものとして，大きな期待が寄せられました。しかし，私的整理ガイドラインは，当時の状況を反映してメインバンクが主導して事業者の再生手続を進めるものでした。そのため，メインバンク以外の金融機関から，メインバンクに対して情報の不均衡による貸し手責任が求められたり，メインバンクに対して多くの負担を求める，いわゆる「メイン寄せ」と呼ばれる事象が起きるようになりました。そのため，私的整理ガイドラインは，徐々に利用されなくなりました。

(2) 産業再生機構

このような私的整理ガイドラインの欠点を補完し，金融機関の不良債権処理を促進することを目的として，2003（平成15）年4月，産業再生機構が設立されました。産業再生機構は，公的な機関が第三者的な立場から対象企業の債務調整を行い，債権買取と出資・融資ができるものでした。産業再生機構は，カネボウ，ダイエー，三井鉱山，大京，ミサワホームなどの再生を手がけましたが，5年間の時限組織で，一応の役割は果たしたことから，2007（平成19）年3月に解散しました。

(3) 事業再生ADR

2006（平成18）年，産業再生機構の解散が間近に迫ったこともあって，メインバンク主導の私的整理ガイドラインに代わるものとして，民間の恒常的な組織による裁判外再生手法の整備が急がれました。同年9月，経済産業省「事業再生制度研究会」は，事業再生を担う組織として，裁判外紛争解決手続の利用の促進に関する法律の「認証紛争解決事業者」制度を利用することを提言しました。これをもとに，2007（平成19）年5月の産業活力再生特別措置法改正によって，事業再生ADRが誕生しました。

(4) 企業再生支援機構

しかし，2008（平成20）年9月のリーマン・ショックによって金融が急激に
逼塞し資金に流動性が失われ，多くの事業者がこの事態に対応できず，経営難
に陥りました。このような状況から，再び第三者的立場から対象事業者の債務
調整を行い，債権買取や出資・融資機能を有した公的存在が必要とされました。
　そこで，2009（平成21）年10月に企業再生支援機構が設立され，地域の中
堅・中小企業，病院，学校などの再生支援がなされました。企業再生支援機構
は，日本航空やウィルコムの再生では，会社更生手続を併用し，裁判所と連携
した再生も実現しました。

(5) 地域経済の活性化へ

　中小企業は，多種多様で，事業内容や課題も地域性が強いという特性を有し
ています。経営が悪化した中小企業については，各地域の関係機関や専門家等
が連携して，中小企業が取り組む事業再生をきめ細かに支援することが必要で
あると考えられていました。そこで，2003（平成15）年2月から，順次，各都
道府県の商工会議所に中小企業再生支援協議会が設置され，中小企業の再生を
支援するようになりました。
　また，もともと5年間の時限組織として設立された企業再生支援機構も，5
年の経過を迎えましたが，地域経済の低迷が続く中，地域の再生現場の強化や
地域経済の活性化に資する支援を推進していくことが喫緊の政策課題になって
いること等を踏まえ，2013（平成25）年3月，地域経済活性化支援機構と改組
して継続することとなりました。

(6) 特定調停の活用

　特定調停法は，支払不能に陥るおそれのある債務者の経済的再生に資するた

め，金銭債務に係る利害関係の調整を促進することを目的として，2000（平成12）年2月から施行されました。多額の借金を抱える者が破産せずに返済の負担を軽減できる制度として広く利用され，施行後，急激に増加しました。しかし，2004（平成16）年になると申立件数は減少傾向となりました。

　特定調停制度は，事業再生手続としては，私的整理において，一部の債権者との間で協議が整わない場合に利用されたり，法的整理において，担保権を有する者との交渉の場面で利用されてきました。

　しかし，2013（平成25）年3月に「中小企業者等に対する金融の円滑化を図るための臨時措置に関する法律」（以下「中小企業金融円滑化法」といいます）が終了すると，その後の再生スキームとして，特定調停が見直されるようになりました。そして，日本弁護士連合会は，その後の中小規模の事業者の抜本的な再生スキームとして，2013（平成25）年12月，「金融円滑化法終了への対応策としての特定調停スキーム利用の手引」を策定し，公表しました。

　また，特定調停は簡易裁判所で行われるのが原則ですが，大規模事件における金融機関との調整については，東京地方裁判所民事第8部でも行われていました。しかし，その特定調停についても運用が見直され，2020（令和2）年4月から東京地方裁判所民事第8部と民事第20部で新たな特定調停の運用が始まりました。

　そこで，以下では，現在，主に利用されている準則型私的整理（中小企業再生支援協議会，事業再生ADR，地域経済活性化支援機構および特定調停）について，解説したいと思います。

図表　4−8 再建型法的整理と私的整理の歴史

年月	法的整理	私的整理		
		司法型	民間型	行政型
2000（平成12）年2月		特定調停法施行		
4月	民事再生法施行			
2001（平成13）年9月			私的整理ガイドラインの公表	
2003（平成15）年2月				中小企業再生支援協議会設置
4月	改正会社更生法施行			産業再生機構設立
2007（平成19）年3月				産業再生機構解散
5月			事業再生ADR制度	
2009（平成21）年10月				企業再生支援機構設立
2013（平成25）年3月				地域経済活性化支援機構へ改組
2013（平成25）年12月		「金融円滑化法終了への対応策としての特定調停スキーム利用の手引」公表		
2020（令和2）年4月		新たな特定調停の運用開始		

中小企業再生支援協議会

(1) 中小企業再生支援協議会とは

　中小企業再生支援協議会（以下「協議会」といいます）とは，中小企業に対する再生計画の策定支援等の再生支援事業を実施するため，経済産業大臣から認定を受けた商工会議所等に設置される組織です。協議会は，各都道府県に設置されていますが，各地の協議会の活動を支援するため，全国本部が設置されています。

(2) 手続の流れ

　協議会による支援を受けたい場合には，まず，協議会の窓口相談（第1次対応）を受けることとなります。第1次対応では，協議会の常駐専門家である統括責任者（プロジェクトマネージャー）または統括責任者補佐（サブマネージャー）が，事業者が持参する資料の分析やヒアリングによって事業者の経営状況や財務状況を把握し，経営課題に対する助言を行うとともに，事業の収益性等を確認し，再生計画策定支援への移行の要件を充たすか否かを判断します。

　また，第1次対応では，事業の収益性が認められないなどの理由により再生計画策定支援に移行できない相談企業に対して，適宜，事業改善の方法や金融機関への対応方法，または弁護士へ相談することなどを助言します。

図表 4-9 中小企業再生支援協議会の手続の流れ

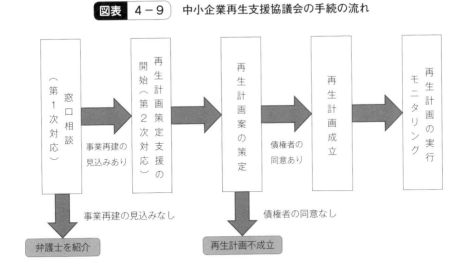

　協議会が，第1次対応で把握した事業者の状況に基づき，再生計画策定支援を行うことが適当であると判断した場合には，外部専門家を活用しつつ，主要債権者等との連携を図りながら具体的で実現可能な再生計画の策定支援を行います（第2次対応）。そして策定した再生計画案について，すべての債権者が同意した時点で再生計画策定支援が完了します。

　さらに，協議会は，再生計画が成立し，再生計画策定支援が完了した事業者について，主要金融機関と連携して，再生計画の達成状況等のモニタリングを実施します。

　なお，2012（平成24）年4月に公表された「中小企業金融円滑化法の最終延長を踏まえた中小企業の経営支援のための政策パッケージ」で中小企業の経営改善・事業再生の促進等を図るとされたことを受け，従来の手続よりも簡易迅速な手続が新設されました。この手続では事業者自身が財務デューディリジェンスや事業デューディリジェンスを行い，事業再建計画を作成し，それを協議会あるいは外部の専門家が検証することで，手続の簡易性・迅速性を図っています。

(3)　支援対象

　協議会を利用できる事業者は，中小企業者に限定されており，上場企業等の大企業や学校法人は利用できません。

　また，再生計画策定支援の対象となるためには，次の要件を充たす必要があります。

① 過剰債務，過剰設備等により財務内容の悪化，生産性の低下等が生じ，経営に支障が生じている，もしくは生じる懸念のあること

② 再生の対象となる事業に収益性や将来性があるなど事業価値があり，関係者の支援により再生の可能性があること

　さらに，協議会から債権放棄等の要請を含む再生計画の策定の支援を受ける場合には，上記①，②に加え，次の③〜⑤の要件を充たすことが必要です。

③ 過剰債務を主因として経営困難な状況に陥っており，自力による再生が困難であること

④ 法的整理を申し立てることにより相談企業の信用力が低下し，事業価値が著しく毀損するなど，事業再生に支障が生じるおそれがあること

⑤ 法的整理の手続によるよりも多い回収を得られる見込みがあるなど，対象債権者にとっても経済合理性があること

(4)　協議会スキームにおける金融支援の内容

　協議会スキームでは，リスケやDDSといった条件変更を内容とする再生計画から，DES，債権カット，第二会社方式による実質的な債権カットといった債務の減免を伴う金融支援を内容とする再生計画まで，債務者の状況や対象債権者の意向を踏まえて，様々な再生計画が策定されています。

(5)　支援対象となる基準（数値基準）

　協議会スキームでは，再生計画案の内容として以下の事項を充足することが求められています。

① 事業者の自助努力が十分反映された内容であること

② 事業者に実質的な債務超過がある場合は，再生計画成立後最初に到来する事業年度開始の日から５年以内を目処に，実質的な債務超過を解消する内容であること

③ 経常利益が赤字の場合は，再生計画成立後最初に到来する事業年度開始の日からおおむね３年以内を目処に，黒字に転換する内容であること

④ 再生計画の終了年度における有利子負債の対キャッシュ・フロー比率がおおむね10倍以下となる内容であること

⑤ 経営者責任の明確化を図る内容であること

⑥ 債権放棄等を要請する場合は，株主責任の明確化を含む内容であること

⑦ 債権者間で衡平性が保たれた内容であること

⑧ 債権放棄等を要請する場合は，破産手続による債権額の回収の見込みよりも多くの回収を得られる見込みがあること

　このうち，②，③，④は，一般に「数値基準」と呼ばれておりますが，実質的な債務超過解消年数に関する②の基準は，他の準則型私的整理手続では３年以内とされており，協議会スキームはその期間が長くなっている点が異なります。また，過剰債務性に関する④の基準は，他の準則型私的整理手続では規定されていない点で異なります。

(6)　協議会スキームの特徴

　協議会は，全国47都道府県に１か所ずつ設置され，事業再生に関する知識と経験を有する専門家である統括責任者と統括責任者補佐が常駐して，常時中小

企業者からの相談を受け付け，一定の要件を充たす債務者企業に対しては再生計画策定支援を実施しており，容易に利用ができるようになっています。手続を主宰する協議会に対する報酬は発生せず，DD 費用の一部についても国の補助が得られる等，他の私的整理手続と比べて費用も割安となっています。

　また，債権者会議の開催や一時停止の通知が義務づけられていないこと等，手続も柔軟です。

　さらに，協議会スキームではリスケや DDS といった条件変更を内容とする計画から，DES，債権カット，第二会社方式による実質的な債権カットといった抜本的な金融支援を伴う計画まで，幅広い再生計画の策定が行われており，再生ファンドによる債権買取，出資，融資等を再生計画の内容に組み込む等，多様なスキームが用意されています。

Chapter 4

13 事業再生ADR

(1) 事業再生ADRとは

事業再生 ADR は,「裁判外紛争解決手続の利用の促進に関する法律」に定められた認証紛争解決手続であって,同法に基づく認証と「産業活力の再生及び産業活動の革新に関する特別措置法」に基づく認定を受けた特定認証紛争解決事業者が,事業再生に係る紛争を解決するものです。

現在,特定認証紛争解決事業者に認証・認定されているのは事業再生実務家協会（JATP）のみであり,同協会が主宰する事業再生 ADR 手続では,同協会が定める協会規則が適用されます。

具体的な事案において,債権者と債務者企業間の債権債務の調整の仲介をする者を手続実施者といいます。手続実施者は事業再生実務家協会が事業再生についての専門的知識および実務経験を有するものを予定者として選任し,概要説明会議で債権者の過半数の同意による決議により選任されます。

事業再生 ADR の手続は,本来,債権者と債務者の相対交渉として行われる債権債務関係の調整を,中立・公正な第三者が行うことによって,私的整理の問題点として指摘されている手続の不公正さ,不透明さ,不公平さの危険を回避できるところに意味があります。

図表 4-10 事業再生ADRの全体像

```
┌──────────────────────────────────────────┐
│ 事業再生 ADR の主宰者＝事業再生実務家協会（JATP）│
│        手続実施者（専門家）                  │
│   公正中立な立場で各案件の和解を仲介           │
└──────────────────────────────────────────┘
          ↑        徹底した秘密保持        ↑

┌────────────────────┐      ┌────────────────────────┐
│ 債務者代理人（専門家）  │      │ 対象債権者（金融機関）      │
│ ・事前準備 財務DD 事業DD│      │ ・手続実施者が作成する      │
│ ・事業再生計画案を立案   │      │  「事業再生計画案についての調査│
│ ・対象債権者に説明説得，  │      │  報告書」＝同意の重要な判断資料│
│  同意取付け            │      │  となる                 │
└────────────────────┘      └────────────────────────┘
```

(2) 利用できる事業者

　事業再生 ADR は，事業を行う者であれば，誰でも利用することができます。協議会が支援対象としない大規模事業者や，医療法人，農業組合法人，社会福祉法人，学校法人等の各種法人や第三セクターも利用可能です。

　事業再生実務家協会による事業再生 ADR 手続を利用する事業者に求められる要件は，次のとおりです。

① 過剰債務を主因として経営困難な状況に陥っており，自力による再生が困難であること

② 技術，ブランド，商圏，人材等の事業基盤があり，その事業に収益性や将来性がある等事業価値があり，重要な事業部門で営業利益を計上している等債権者の支援により再生の可能性があること

③ 会社更生，民事再生等の法的手続開始の申立てにより信用力が低下し，事業価値が著しく毀損される等，事業再生に支障が生じるおそれがあること

④　事業再生 ADR 手続を用いた事業再生によって，債権者が破産手続によるよりも多い回収を見込める可能性があること

⑤　手続実施者の意見および助言に基づいて，法令に適合し，公正妥当でかつ経済合理性があると認められる事業再生計画案の概要を策定する可能性があること

(3)　対象債権者

　事業再生 ADR の当事者となる債権者は，原則として金融債権者です。銀行，信用金庫等の金融機関だけでなく，信用保証協会，ノンバンク，サービサー，政府系金融機関も含まれます。

　商取引債権は原則として対象外ですが，商取引債権者が同時に貸付けをしている場合や，取引債権でも主要取引先で特に事業再生のために必要である場合は，対象となる債権者に含めることも可能です。リース，割賦債権も対象債権とすることができます。

(4)　手続の流れ

　事業再生 ADR の手続は，手続利用の正式申込みの正式受理までの段階（事前準備段階）と，正式受理後の手続の段階の2つに分かれます。

　事前準備段階としては，①事前相談・手続説明，②事業再生 ADR 手続申請，③審査会による審査，④利用申請仮受理，⑤手続実施者選任予定者の選任，⑥手続実施者選任予定者による個別面談・調査・助言等，⑦事業再生計画案の概要の策定，⑧手続利用の正式申込み，正式受理という流れで手続が進行します。

　正式受理後は，❶一時停止の通知，❷概要説明会議，❸事業再生計画案の策定，手続実施者による調査と調査報告書，確認書の作成，❹協議会議，❺決議会議という流れで手続が進行します。

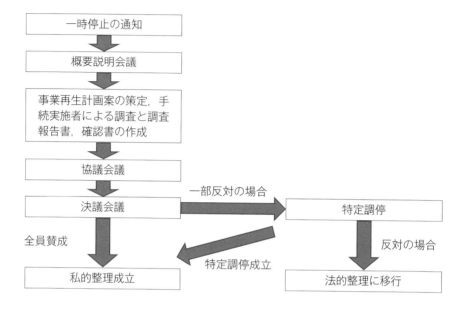

図表 4-11 事業再生ADR手続の流れ（正式受理後）

一時停止の通知

↓

概要説明会議

↓

事業再生計画案の策定，手続実施者による調査と調査報告書，確認書の作成

↓

協議会議

↓

決議会議 ──一部反対の場合──→ 特定調停

全員賛成 ↓ ←──特定調停成立── 反対の場合 ↓

私的整理成立　　　　　　　　　法的整理に移行

(5)　事業再生計画案の策定

事業再生計画案には，次の事項を定める必要があります。

① 経営が困難になった原因

② 事業の再構築のための方策

③ 自己資本の充実のための措置

④ 資産および負債ならびに収益および費用の見込みに関する事項

⑤ 資金調達に関する計画

⑥ 債務の弁済に関する計画

⑦ 債権者の権利の変更

⑧ 債権額の回収の見込み

このうち，④については，事業再生ADR成立の翌期から原則3事業年度以

内に債務超過を解消し，経常黒字化することが必要となっています。また，⑦については，原則として平等にしなければなりませんが，対象債権者間に差を設けても衡平を害しない場合は例外的に異なる取扱いが許容されます。さらに，⑧については，破産手続における債権額の回収見込みより多いことが必要です。

　なお，債権カット（DESを含む）を内容とする事業再生計画案の場合，さらに厳格な要件が求められています。

❶　資産評価基準により資産評定された価額を基礎に貸借対照表が作成されていること

❷　その貸借対照表上の資産負債の価額および事業再生計画案上の収益費用に基づいて債務免除額が定められていること（適正な債務免除額の算定）

❸　株主権利の全部または一部の消滅

❹　役員の退任

(6)　事業再生ADRのメリット

　事業再生ADRは，手続が非公開であること，商取引債権者を手続に参加させる必要がないので，事業継続への影響が少ないというメリットがあります。また，比較的柔軟な事業再生計画を策定することもできます。上場企業が利用する場合には，上場維持の可能性もあります。

　また，事業再生ADRは，特定認証紛争解決事業者が手続を主宰しますので，高い中立性・公正性が確保できます。さらに，プレDIPファイナンスも受けやすいことや，税務上の恩典もあります。加えて，社債の減免について，社債債権者集会の決議およびこれについての裁判所の認可が必要であるところ，事業再生実務家協会が所定の基準に適合すると確認した場合には，裁判所はこれを考慮したうえで認可することとされています。

(7) 事業再生ADRのデメリット

　事業再生 ADR は，法的整理とは異なり，債権者に対する強制力を有する手続ではありませんので，事業再建計画の成立には対象債権者全員の同意が必要となります。また，純粋私的整理と比べると，柔軟性に欠けることがあります。

　さらに，手続を主宰する事業再生実務家協会へ支払う費用が高額になることがあり，すべて企業の負担となります。

地域経済活性化支援機構

(1)　地域経済活性化支援機構とは

　地域経済活性化支援機構（Regional Economy Vitalization Corporation of Japan,
以下「REVIC」といいます）は，2008（平成20）年 9 月に起きたリーマン・シ
ョックによる金融経済情勢の急速かつ大幅な悪化等を受けて，地域経済の再建
を図るため，有用な経営資源を有しながら，過大な債務を負っている事業者の
事業再生を支援することを目的に，株式会社企業再生支援機構法に基づき，
2009（平成21）年10月に株式会社企業再生支援機構（以下「ETIC」といいます）
として設立されました。

　ETIC は，2009（平成21）年10月の設立から原則 2 年以内に支援決定をし，
支援決定から原則 3 年以内に支援を完了するという時限性をもった組織として
活動を開始しました。その後，ETIC は，中小企業等の事業再生の支援に取り
組むとともに，裁判所とも共同し，日本航空やウィルコム等の上場企業の会社
更生にも取り組みました。

　ETIC の事業再生支援については，2012（平成24）年 3 月，中小企業金融円
滑化法の最終延長が決定されたことに伴い，金融機関によるコンサルティング
機能の一層の発揮を後押しすること等を目的とする法改正がなされ，事業者へ
の再生支援決定期限を従前より 1 年半延長する等の措置が講じられました。

　2013（平成25）年 3 月には，地域経済の低迷が続く中，地域の再生現場の強

化や地域経済の活性化に資する支援を推進していくことが政策課題になっていること等を踏まえ，再度の法改正がなされました。この法改正で，事業再生支援に係る決定期限を2018（平成30）年3月まで5年の再延長をすることとし，従前からの事業再生支援に加えて地域経済の活性化に資する事業活動の支援を行うことを目的とする支援機関へ改組する等が盛り込まれ，法律の名称も株式会社地域経済活性化支援機構法（以下「機構法」といいます）となり，商号も株式会社地域経済活性化支援機構（REVIC）に変更しました。

機構法は，2014（平成26）年5月に，再チャレンジ支援業務やファンド出資業務の追加等，事業再生や地域活性化の支援を効果的に進めることを目的とする改正がなされ，同年10月に施行されました。

また，2018（平成30）年5月には，地域における総合的な経済力の向上を通じた地域経済の活性化を図るため，一部の業務期限について3年の延長がなされました。さらに，2020（令和2）年6月には，新型コロナ感染症の拡大により経済への影響が深刻化する状況下において，地域の中堅・中小企業の経営基盤等の改善を支援するため，さらに期限について5年の延長をする機構法の改正がなされました。

REVICは，①出資，資金の貸付けや，金融機関等からの資金の借入れに係る債務の保証をすることが可能であること，②ターンアラウンドに必要な人材を派遣すること，③債権を買い取ることが可能であること，といった特徴を有しています。

(2) 対象となる事業者

REVICの支援の主な対象は中小・中堅企業です。業種，地域，事業運営形態を問わず，除外法人に該当しない事業者を広く再生支援の対象としています。除外法人は，大規模事業者（資本金の額または出資の総額が5億円を超え，かつ常時使用する従業員の数が1,000人を超える事業者），地方三公社，第三セクターとなっています。

(3)　再生支援手続の流れ

　REVIC が行う事業再生支援業務の流れは，大きく分けて，金融支援依頼を含む事業計画に対して，関係金融機関等の合意を得るまで（第1段階）と，それ以降のターンアラウンド実行（第2段階）に分かれます。

　第1段階は，①対象事業者による事前相談，② REVIC によるプレデューディリジェンス，③ REVIC によるデューディリジェンスおよび事業再生計画作成，④再生支援決定，⑤関係金融機関の合意，という流れになります。

　第2段階は，REVIC が，債権買取・出資を行い，人材の派遣や融資等の支援，事業・財務状況等のモニタリングを行い，REVIC が取得した債権・出資の処分を行うという流れになります。

図表 4-12 再生支援決定までの流れ

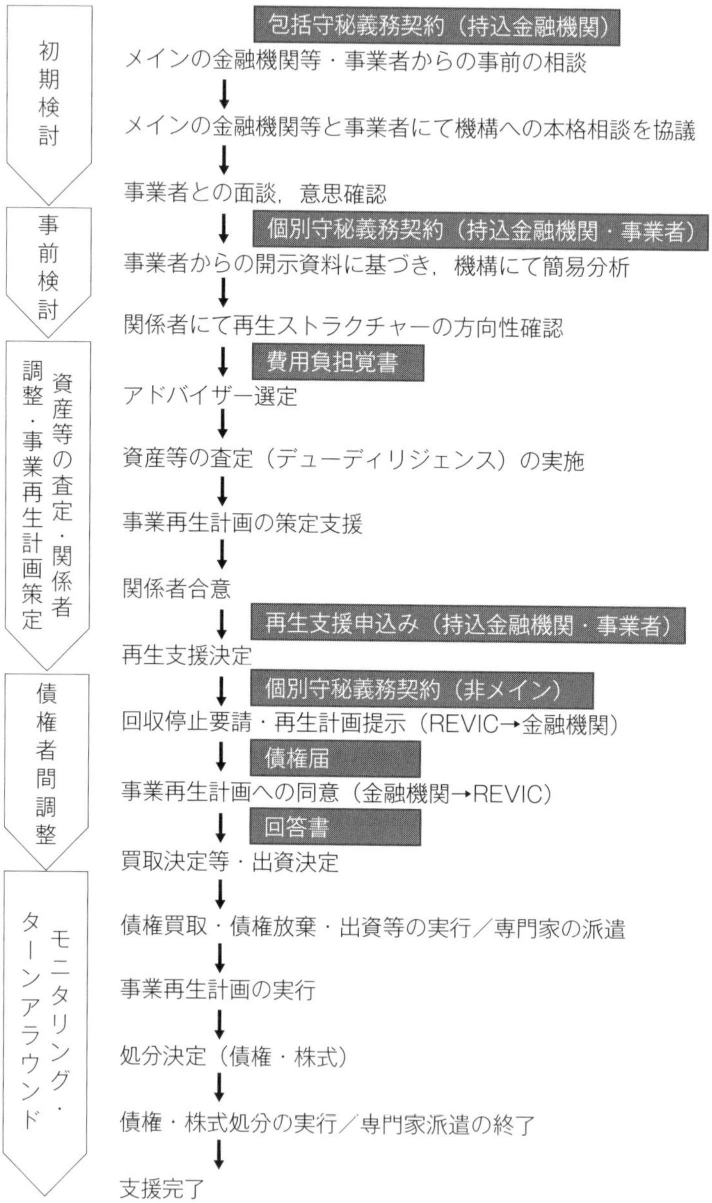

初期検討
- 包括守秘義務契約（持込金融機関）
- メインの金融機関等・事業者からの事前の相談
  ↓
- メインの金融機関等と事業者にて機構への本格相談を協議
  ↓
- 事業者との面談，意思確認

事前検討
- 個別守秘義務契約（持込金融機関・事業者）
- 事業者からの開示資料に基づき，機構にて簡易分析
  ↓
- 関係者にて再生ストラクチャーの方向性確認

資産等の査定・関係者調整・事業再生計画策定
- 費用負担覚書
- アドバイザー選定
  ↓
- 資産等の査定（デューディリジェンス）の実施
  ↓
- 事業再生計画の策定支援
  ↓
- 関係者合意
  ↓
- 再生支援申込み（持込金融機関・事業者）
- 再生支援決定

債権者間調整
- 個別守秘義務契約（非メイン）
- 回収停止要請・再生計画提示（REVIC→金融機関）
  ↓
- 債権届
- 事業再生計画への同意（金融機関→REVIC）
  ↓
- 回答書
- 買取決定等・出資決定

モニタリング・ターンアラウンド
  ↓
- 債権買取・債権放棄・出資等の実行／専門家の派遣
  ↓
- 事業再生計画の実行
  ↓
- 処分決定（債権・株式）
  ↓
- 債権・株式処分の実行／専門家派遣の終了
  ↓
- 支援完了

(4)　再生支援決定基準

REVIC による再生支援決定にあたっては，再生支援決定基準が定められており，その概要は次のとおりです。

① 有用な経営資源を有していること

② 過大な債務を負っていること

③ 以下のいずれかであること

　(i)　再生支援の申込みが，いわゆるメイン行等の事業再生上重要な債権者である一以上のものとの連名によること

　(ii)　事業の再生に必要な投融資等を受けられる見込みがある，または(i)に規定する者から事業再生計画に対する同意を得られる見込みがあることから，(i)の場合と実質的に同程度の再生の可能性があることを書面により確認することができること

④ 再生支援決定から5年以内に「生産性向上基準」および「財務健全化基準」を満たすこと

⑤ 対象事業者を再生支援決定時点で清算した場合の当該事業者に対する債権の価値を，事業再生計画を実施した場合の当該債権の価値が下回らないと見込まれること

⑥ REVICが債権買取り，資金の貸付け，債務の保証または出資を行う場合，再生支援決定から5年以内に対象事業者に係る債権または株式等の処分が可能となる蓋然性が高いと見込まれること

⑦ REVICが出資を行う場合には，以下の出資要件を満たすこと

　(i)　出資が必要不可欠であること

　(ii)　REVICが出資比率に応じたガバナンスを発揮できる体制の構築

　(iii)　出資による，持込行，スポンサー等の投融資の見込み

　(iv)　企業価値向上による投下資金以上の回収の見込み

⑧ 労働組合等と話し合いを行うこと

⑨ 過剰供給構造にある事業分野に属する事業を有する対象事業者について

は事業再生計画の実施が過剰供給構造の解消を妨げるものでないこと

⑩　対象事業者に対する再生支援が，一定の取引分野における競争相手の利益を不当に侵害しないこと

⑪　事業再生計画の内容にREVICまたはスポンサー以外の者に対して第三者割当増資を行うことが含まれる場合には当該第三者割当増資の適時かつ適切な情報開示の実施など，必要とされる透明性の確保の措置が講じられる予定であること

(5)　出口戦略

REVICの再生支援手続は，事業再生計画の進捗状況等を踏まえ，対象事業者の事業再生の目途が立ったと判断された段階で終了します。

もっとも，REVICが対象事業者に対して出資や融資をしている場合は，そのすべてが第三者への譲渡ないし弁済（持込行等によるリファイナンスを含む）等によって回収されていることが前提となります。

REVICは，原則として，再生支援決定から5年以内に再生支援手続を終了させる必要がありますので，出資や融資をする場合には，早い段階から株式・債権の譲渡先の検討およびそのための事業価値向上に向けた取組みをしています。

(6)　メリットとデメリット

REVICの再生支援手続は，出資や融資を含めて検討されるので，債権者である金融機関との調整がつきやすいという点で大きなメリットがあります。

他方で，このような出資や融資を含めて再生支援の検討がなされますので，支援に時間がかかることと費用面で負担が大きいというデメリットがあります。

Chapter 4

15 特定調停

(1)　特定調停とは

　特定調停とは，債務の返済ができなくなるおそれのある債務者（特定債務者）の経済的再生を図るため，特定債務者が負っている金銭債務に係る利害関係の調整を行うことを目的とする手続です。

(2)　手続の流れ

　特定調停の申立てを行う特定債務者は，金銭債務を負っている者であって，①支払不能に陥るおそれのあるもの，②事業の継続に支障を来すことなく弁済期にある債務を弁済することが困難であるもの，③債務超過に陥るおそれがある法人です。

　特定調停の相手方は，特定債務者に対して金銭債権を有する者その他の利害関係人です。

　特定債務者は，申立てと同時に財産の状況を示すべき明細書その他特定債務者であることを明らかにする資料および関係権利者の一覧表を提出しなければなりません。そのほか，関係権利者との交渉の経緯および債務者の希望する調停条項の概要を明らかにする必要があります。

　調停の申立てがなされると，裁判所は弁護士等の専門家からなる調停委員会

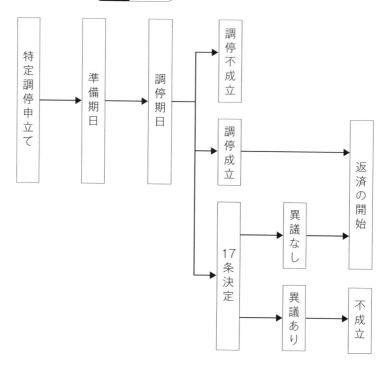

図表 4-13 特定調停の手続の流れ

を組織します。

　進行日程については，事案の内容や裁判所の運用によって異なりますが，ま
ず，申立直後に裁判所と特定債務者との間で準備期日が開かれ，この準備期日
において特定債務者が求める調停内容や問題点の確認が行われ，スケジュール
が決められます。その後，1か月以内に第1回調停期日が開催され，それ以後
は，1，2か月ごとに調停期日が開催されます。

　特定債務者は，調停委員会に対し，債権または債務の発生原因および内容，
弁済等による債権または債務の内容の変更および担保関係の変更等に関する事
実を明らかにしなければなりません。調停委員会は必要がある場合には，当事

者に対して事件に関係のある文書等の提出を求め，職権で事実の調査や証拠調べもできます。調停委員会は，特定債務者から提出された調停条項案が公正かつ妥当で経済的合理性を有するかについて調査を行い，関係権利者との意見調整を行います。

　調査の結果，問題がなく，また関係権利者も同意する場合には調停成立となり，裁判所は調停調書を作成します。

　特定債務者が提示した調停条項案で解決できない場合には，調停委員会が調停条項を示すことで解決をする場合もあります。

　裁判所が解決案を決定で示し，その告知日から2週間以内に異議が出されなければ，当該解決案は裁判上の和解と同一の効力が生じます。

(3)　特定調停のメリット

　事業者が特定調停を利用する場合は，第三者機関である調停委員会の仲裁によって話し合いが行われるという点が大きな意味を持ちます。

　多くの債権者が弁済計画に応じているものの，一部の強硬な債権者が弁済計画案に応じない場合や，事業者の代表者に個人としての債務があり，それを合わせて債務整理することが必要な場合など，関係者の利害関係を調整するために，第三者機関である調停委員会を利用するメリットはあります。

　また，手続が非公開であることや，破産などの法的整理とは異なる手続であることも，特定調停を選択するメリットです。

16 日本弁護士連合会の特定調停スキーム

(1) 公表の経緯

　特定調停は，2000（平成12）年2月から施行された特定調停法に基づく手続ですが，当初は多重債務や住宅ローン破綻した個人の利用が多く，事業者の事業再生ではあまり利用されてきませんでした。

　しかし，近時，この特定調停手続を積極的に活用しようという動きが出ています。

　まず，2009（平成21）年12月4日に施行された中小企業金融円滑化法が終了したことへの対応策として，日本弁護士連合会が，2013（平成25）年12月5日，「金融円滑化法終了への対応策としての特定調停スキーム利用の手引」を公表しました。この手引は，特定調停手続を利用して，事業を再生する比較的小規模な事業者の債務の整理を円滑に進められるように，特定調停の対象者，手続の流れについて定めてあります。その後，この手引は改訂され，現在は「事業者の事業再生を支援する手法としての特定調停スキーム利用の手引」となっています。

　この日本弁護士連合会の特定調停スキーム利用の手引が公表されてから，小規模な事業者の債務整理に特定調停を利用したり，あるいは，他の私的整理手続において，一部の債権者から事業再生計画案について同意が得られない場合に，特定調停を利用することが増えています。

(2)　手引の概要

　この日本弁護士連合会の手引では，事業者の債務整理と連帯保証人である経営者の債務整理を一体として行うことを原則としています。**Chapter 8**で説明しますが，事業者の経営者は，上場会社でない場合，事業者の債務について連帯保証をしているのが一般的です。しかし，2013（平成25）年12月，経営者保証ガイドラインが公表され，2014（平成26）年2月から運用が開始されました。この経営者保証ガイドラインでは，事業者の主たる債務と経営者の保証債務を一体として整理することを原則としています。これを受けて，日本弁護士連合会の特定調停スキーム利用の手引でも，事業者の主たる債務と経営者の保証債務を一体として整理することを原則とし，手続の流れについて定めています。

　もちろん，経営者が主たる事業者の債務の保証債務以外にも債務を負っている場合もあり，その場合には経営者は経営者保証ガイドラインに沿って手続を進めただけでは債務整理をすることができません。そのような場合には，経営者は，別途，法的整理で債務整理をするしかありませんが，事業者は単独で特定調停を利用して債務整理をすることとなります。日本弁護士連合会の特定調停スキーム利用の手引では，事業者が単独で特定調停を利用して債務整理を行うことも想定して手続の流れを定めています。

(3)　手引の利用対象となる事業者と保証人

　手引の対象となる事業者は，経営改善により約定金利以上は継続して支払える程度の収益力を確保できる見込みがあることが必要です。また，事業者が過大な債務を負い，すでに発生している債務を弁済することができないことまたは近い将来において既存債務を弁済することができないことが確実と見込まれることが必要です。さらに，事業者が自助努力のみでは，その状況の解決が困難であり，一定の金融支援が必要であることが合理的に予想されることも必要です。

経営者の保証債務の整理も同時に進める一体型の場合には，保証人について，弁済について誠実である，財産状況等を適切に開示している，免責不許可事由のおそれがない等の経営者保証ガイドラインに定められた要件を充足していることも必要です。

(4)　手続の流れ

　特定調停スキームの手順は事案により異なると思われますが，一般的には次のような手順で進められるものと考えられます。事業者と経営者の特定調停を同時に申し立てることを予定している場合には，保証人についても次の手順を同時に進めることが必要になります。

① 　債務者から受任の後，再生計画案策定のため，税理士，公認会計士などに協力を依頼する。

② 　メインバンクに対して，現状と方針について説明し，再生への協力と返済の猶予等を申し入れる。

③ 　メインバンク以外の金融機関に対して，現状と方針について説明し，再生への協力と返済の猶予等を申し入れる。

④ 　事業者の再生計画案と清算貸借対照表を作成する。事業者と経営者と同時に特定調停の申立てを予定している場合には，経営者の資産目録，調停条項（弁済計画）案，表明保証書，確認報告書等を作成する。

⑤ 　メインバンクに対して再生計画案，保証債務弁済計画案を提示し，その説明をするとともに意見交換をし，必要に応じて修正し，同意の見込みを得る。

⑥ 　メインバンク以外の金融機関に対して再生計画案，保証債務弁済計画案を提示し，その説明をするとともに意見交換をし，必要に応じて修正し，同意の見込みを得る。

⑦ 　調停条項案を作成し，各金融機関に対して特定調停について説明をし，調停条項案についての同意の見込みを得る。

図表　4−14　特定調停スキームの流れ

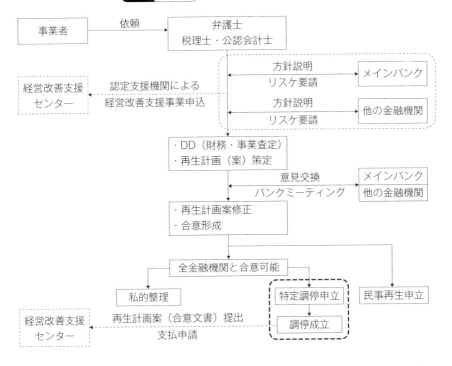

⑧　特定調停の申立てをし，調停成立，必要に応じて民事調停法17条決定を得る。

⑨　成立した調停条項または民事調停法17条決定に基づき弁済を実施する。

17

東京地方裁判所における
企業の私的整理に関する
特定調停の新たな運用

(1) 新運用開始の経緯

　また，東京地方裁判所民事第8部（商事部）および民事第20部（破産再生部）では，2020（令和2）年4月1日から，事業者の私的整理に関する特定調停につき，新たな運用が開始されています。

　これまでも，東京地方裁判所では，事業再生に係る計画案につき倒産事件に通じた弁護士に調査の嘱託を行い，当該計画案の合理性について第三者的立場からセカンドオピニオンを得たうえで，調停委員会の提案する調停案に対する債権者の諾否を聴き，仮に合意が得られない場合にも調停に代わる決定をして解決が図られてきました。しかし，従来の運用は，近年その利用実績が乏しかったこと等に鑑み，より利用しやすい手続とするために新しい運用を行うこととなりました。

(2) 対象とする案件

　新運用は，原則として事業再生ADRや協議会等の準則型私的整理手続から移行した案件を特定調停の対象としています。具体的には，準則型私的整理手続において事業再生に係る計画案が作成され，ほとんどの債権者が当該計画案に賛成したものの，一部の債権者が同意しなかったという案件を想定していま

す。

　もっとも，従来の運用において取り扱ってきた類型の案件もそのまま利用できますし，このような類型に限定することもないようです。そのため，例えば，①準則型私的整理手続ではないものの，準則型私的整理手続と同様，バンクミーティングが実施されていて，公認会計士が事業者の資産評定や財務デューディリジェンスを行い，それに基づく事業再生に係る計画案が作成されている場合，②厳しい資金繰りの状況のため迅速に手続を進める必要のあるスポンサー案件について，準則型私的整理手続を経る時間的余裕はなかったものの，公認会計士が作成した資産評価書等があって，すでにスポンサーが選定されており，主要な金融機関の理解が得られている場合等も新運用での特定調停を利用できると思われます。

　また，新運用では，事業者と経営者個人の債務の一体的な処理を行い，抜本的な事業再生を図ることを可能としています。経営者個人の保証債務の取扱い等に関しては，事前に債権者の同意が見込まれていることが前提となっており，2013（平成25）年12月に公表された経営者保証ガイドラインに則って特定調停を進めることになります。

(3) 手続のスケジュール等

　新運用では，準則型私的整理手続ですでに公認会計士による資産査定がなされ，またはスポンサーが選定されていることが前提とされており，事業価値の毀損を防止する観点から，調停委員会または裁判官が3回程度の期日で迅速に調停の成立を目指すものとされています。もっとも，4回目以降の調停期日が絶対設けられないということではなく，事案に応じて柔軟に対応されます。

　仮に調停が不成立となった場合には，その不成立に至る経過等の事情に応じ，債務者である事業者に対し，民事再生または会社更生の申立てを促されることもあります。

図表 4-15 東京地裁の私的整理に関する特定調停のスケジュール

○ 民事第20部宛てに「特定調停事件連絡メモ」送信（申立日の3営業日前まで）
○ 事前相談
　　・対象事件かどうかの検討
　　・調査嘱託の要否，調査事項の検討
　　・調査嘱託先の弁護士の人選と受任意向の確認
　　・予納金額の決定
　　・調停委員会を構成するかどうかの検討
○ 申立て
　　・調停委員会を構成する場合には調停委員の指定
○ 進行協議期日
　　・相手方（金融機関）から調査事項等についての意見聴取，調査事項の確定
　　・調査嘱託の採用，調査の開始
○ 第1回調停期日（申立てから4週間後）
　　・調査嘱託先の弁護士による調査結果の説明
　　・各当事者からの意見聴取
　　・調停委員会（または裁判官）から調停案の提示
　　・調停成立または続行
○ 第2回調停期日（申立てから6週間後）
　　・各当事者からの意見聴取
　　・必要に応じて調停案の修正
　　・調停成立または続行
○ 第3回調停期日（申立てから7週間後）
　　・各当事者からの意見聴取
　　・必要に応じて調停に代わる決定
　　・調停成立または調停不成立
　　・調停不成立の場合には速やかに法的倒産処理手続の申立て

(4)　調停の相手方

　新運用における特定調停の相手方ですが，準則型私的整理手続の段階における事業再生に係る計画案を特定調停において修正することが想定されない場合には，当該計画案に同意しなかった金融機関のみが相手方と想定されます。も

っとも，この場合でも，当該計画案の内容によっては，税制上の取扱い等との関係から，同意していた金融機関も特定調停の相手方とすることも考えられます。

　計画案を特定調停において修正することを想定する場合には，当該計画案に同意しなかった金融機関だけでなく，同意した金融機関も特定調停の相手方とすることになります。

　なお，計画案に同意していなかった金融機関のみを相手方とする場合には，同意をした金融機関に対しても，調停手続の進行状況について情報提供をすべきこととなります。

(5) 調停機関，調査嘱託および調停に代わる決定

　新運用は，倒産事件専門部である東京地方裁判所民事第8部または民事第20部において，現に法的倒産処理手続を担当する裁判官が担当します。また，調停委員会を構成する場合の調停委員も，倒産事件の処理に精通した弁護士および公認会計士・税理士から選任されますので，簡易裁判所の特定調停よりもさらに実効性のある調整を期待することができます。

　また，新運用においても，倒産事件の処理に精通した弁護士に対する調査嘱託の実施が中心的なスキームとして位置づけられています。調査嘱託は，相手方となる金融機関から私的整理手続において指摘された問題点を含め，中心的争点となるべき事業再生に係る計画案の相当性等について，第三者的立場からのセカンドオピニオンを得ることができるものであり，債権者の納得，ひいては合意の成立のために必要かつ有益なものと考えられます。

　さらに，必要に応じて，調停に代わる決定を積極的に行い，事業再生に係る計画案について賛成の意向を表明することができない相手方に対して再考を求めることもあります。

Chapter 5

法的整理での債務整理をする

01 法的整理とは

(1) 意 義

　法的整理とは，裁判所の監督のもと，法律に定められた手続に従って行う債務整理をいいます。

　法的整理は，債務整理手続に入ったことが官報に公告され，対外的に知られてしまいますし，取引先も含めたすべての債権者を巻き込んでしまいますので，事業を毀損してしまう可能性が高くなります。そのため，通常は，まず私的整理での債務整理を検討します。

　しかし，私的整理での債務整理が成立するまでには，準備段階から考えるとそれなりの期間を要します。その間，金融機関は追加的な信用供与を控える場合が多いため，自力で資金繰りを確保する必要があります。窮境に陥った事業者は，営業キャッシュ・フローが赤字である場合が多く，その赤字を補填する追加的な信用供与が受けられない場合には，自助努力で資金繰りをつながざるを得ません。そのような手段がなく，資金が枯渇し，当面の取引債権者への支払もおぼつかない場合には，やむを得ず法的整理を利用して，既存債務の支払を停止しなければ事業再生ができないことがあります。

　また，金融機関からの借入債務が相対的に少ない場合，私的整理の中で金融債務のみの調整を求めるだけでは改善につながらないことになります。例えば，取引債務が多い場合や，訴訟などに基づく潜在債務を多く抱える場合です。ま

た，広義の意味では金融機関に該当するものの，リース会社やノンバンク，外国金融機関等が有する債権が多額である場合も，私的整理では同意を得ることが困難なことがあります。このような場合には，やむを得ず法的整理を利用して事業再生をすることになります。

　さらに，事業者が重大な法令違反を犯したことが窮境の原因である場合には，私的整理で解決することは，社会的責任の観点から困難です。

　このように私的整理では債務整理が困難である場合には，法的整理での債務整理をすることとなります。

(2)　法的整理の種類とその異同

　事業の再生を目的とする法的整理としては，民事再生と会社更生があります。それぞれ民事再生法と会社更生法に基づきますが，民事再生法と会社更生法は，前者が一般法，後者が特別法という位置づけです。民事再生と会社更生の違いは，次のとおりです。

①　利用できる主体

　会社更生手続を利用できるのは，株式会社のみです。これに対し，民事再生手続は，すべての法人および自然人が利用することができます。したがって，合名会社，合資会社，合同会社，医療法人，学校法人，社会福祉法人，個人事業主等，株式会社以外の法人および個人が法的整理で再生をする場合には，民事再生手続を利用することになります。

　なお，民事再生は，手続の簡便性等から，もともとは中小規模の事業者の再生に利用され，会社更生は大規模企業の再生に利用されることが想定されていましたが，民事再生は上場企業でも利用されていますし，会社更生も近時は中小企業でも利用されていますので，規模により手続を分けるという意味は，あまりなくなってきています。

②　管理処分権の帰属主体

民事再生手続は，原則として，債務者が業務の遂行権限や財産の管理処分権限を維持した形で進められる DIP（Debtor In Possession）型であるのに対し，会社更生手続は，原則として裁判所の選任した管財人にこれらの権限を専属させる形で手続が進行する管理型となっています。

企業の内容を把握した現経営陣が手続を進めた方が効率よく的確に再建を進められる可能性が高いので，原則としては民事再生を選択することが再建可能性をより高くするものといえます。しかし，現経営陣が不正行為を行っていた場合など，債権者から最低限度の信頼も得られないような場合には，裁判所に選任された管財人という中立・公平な第三者のもとで再建を行っていく会社更生手続で進めた方が再建可能性は高くなります。

もっとも，会社更生手続においても，更生会社の現経営陣に不正行為等の違法な経営責任の問題がない場合には，現経営陣の中から管財人を選任することができるとされており，実質的には DIP 型の手続として運用することもできます。

また，民事再生手続においても，債務者が法人の場合には，債務者による財産の管理処分が失当であるとき，その他債務者の事業の再生のために特に必要があると認められるときには，管理命令を発令して管財人を選任することができるとされており，近時，管理型で民事再生手続が進められる事例も出てきています。

③　担保権や租税債権等の権利行使に対する制約

民事再生手続においては，抵当権等の担保権を有する債権は別除権（破産手続や民事再生手続によらないで権利行使が可能な権利）として，租税債権（国税，地方税，社会保険料等）や労働債権等の優先権のある債権は一般優先債権として，再生手続外での権利行使が可能となっています。

これに対し，会社更生手続では，担保権を有する債権および租税債権等の優先権のある債権のいずれについても会社更生手続に取り込まれ，手続外での権

利行使はできず，更生計画に従った弁済を受けることとなっています。

　したがって，強硬な担保権者や租税債権者がいる場合には，民事再生手続よりも会社更生手続を利用した方が適切な場合が多いといえます。

④　組織再編

　民事再生手続における事業譲渡については，株主総会の特別決議による承認に代わる代替許可の制度が設けられ，自己株式の取得，株式の併合，資本金の額の減少，授権資本（株式会社が発行することのできる株式の総数）に関する定款の変更についても再生計画によって行うことができるとされています。しかし，新株発行（増資）を行うには，再生計画の定めだけでは足りず，取締役会の決議等が必要であるとされており，事業譲渡以外の組織上の行為を行う場合には，会社法の規定に従って株主総会の決議その他会社の機関決定を経る必要があります。

　これに対し，会社更生手続においては，再生手続でできることに加え，新株発行（増資）や社債の発行，さらには合併，会社分割，株式交換，株式移転等のような会社組織の再編にわたる行為についても，会社法の規定によることなく更生計画によって行うことが可能です。

　また，会社更生手続では，更生計画で新会社を設立し，更生会社の事業の全部または一部を新会社に譲渡する場合には，行政庁から得ていた許可，認可，免許その他の処分に基づく権利および義務を承継させることができます。そのうえ更生会社から新会社へ不動産・船舶を承継させる場合の移転登記の登録免許税が大幅に軽減され，更生会社から新会社への不動産を移転する場合の不動産取得税が非課税扱いとなっています。

　このように，民事再生手続では，本来的には組織再編行為が予定されていないので，組織再編行為に関する規定は限定的ですが，会社更生手続では，本来的に組織再編行為が予定されているため，組織再編行為を容易にするための規定が多く定められています。

⑤　計画案の可決要件

　民事再生手続では，再生計画案の可決のためには，議決権者の議決権総額の
2分の1以上の議決権を有する者の同意に加え，債権者集会に出席しまたは書
面投票をした議決権者の過半数の同意（いわゆる頭数要件）が必要とされてい
ます。

　他方，会社更生手続においては，更生計画案の可決のためには，(i)更生債権
については，議決権の2分の1を超える議決権を有する者の同意，(ii)更生担保
権については，期限の猶予を定める場合には議決権総額の3分の2以上，減免
その他期限の猶予以外の方法による権利変更を定める場合には議決権総額の4
分の3以上，事業全部の廃止を内容とする場合には議決権総額の10分の9以上
の同意，(iii)株主については，議決権総数の過半数の同意（ただし，更生会社が
債務超過である場合には，株主は議決権を有しない）が必要とされていますが，
民事再生と異なり，頭数要件は必要とされていません。

　したがって，大口の債権者は再生計画案に賛成しているが，零細な債権者が
再生計画案に反対しており，その数が多い場合には，会社更生手続を選択する
方向で検討します。

⑥　手続の終了

　民事再生手続においては，再生計画認可決定の確定後3年が経過したときは，
再生計画の履行が未了であったとしても，再生手続終結の決定をしなければな
りません。

　これに対し，会社更生手続の場合には，このような期間制限はなく，少なく
とも更生計画の遂行が確実であると認められるまでは，更生手続終結の決定を
することはできず，裁判所による監督が継続します。

Chapter 5

02 民事再生手続の流れ

　民事再生と会社更生は，スケジュール等が異なるところは少なからずありますが，手続の流れはほぼ同じです。民事再生については，一般に，次のような流れで手続が進みます。

(1) 申立て，監督命令，保全命令

　まず，民事再生を申し立てることを決意したら，事前に裁判所に相談をします。裁判所は，申立代理人から事情を聴取したうえで，再生債務者（民事再生を利用する事業者）の事情に適した監督委員候補者を選任します。

　裁判所に申立てをすると，裁判所から正式に監督委員が選任されます。監督委員は，後見的な立場から再生債務者の再生手続の遂行を監督する者で，弁護士の中から選任されます。

　民事再生の申立てを行ったとしても，その当日に民事再生手続が開始されるわけではありません。再生債務者の民事再生手続の申立てについて，債権者の反応がどのようなものか，債権者の意向を確認し，その意向を踏まえたうえで，再生手続が開始されます。

　民事再生の申立てをしてから開始決定が出るまでの間，再生債務者が債権者に対して弁済や担保提供をしたのでは，再生は覚束ないので，民事再生の申立てと同時に保全処分の申立てを行います。裁判所は，保全処分の申立てにより，その直後に保全処分命令を出します。これにより再生債務者は債権者に対する

弁済や担保提供等を行うことが原則として禁止されますので，買掛金や未払金を支払ったり，手形を決済することができなくなります。

(2)　開始決定

　民事再生の申立後，即時に債権者に対する説明会を開催し，債権者に対して民事再生の申立てに至った経緯や，直近の財産状況，今後の見通し等を説明し，債権者からの質問や意見を取りまとめ，裁判所に対して報告することになっています。裁判所は，債権者説明会の状況を踏まえて，正式に民事再生手続開始決定を出します。

(3)　財産評定

　裁判所から民事再生手続の開始決定がなされると，再生債務者は財産評定をします。財産評定とは，開始決定日時点の再生債務者の財産を，その時点で処分して換価した場合の価格で評価し，もし仮に再生債務者が開始決定日において事業を停止して破産した場合の配当率がどの程度になるかについて算定するものです。

　民事再生の再生計画案では，債権者に対する弁済率が，破産をした場合の配当率を上回ることが要求されます（清算価値保障の原則）。財産評定は，その後の再生計画における弁済率の下限を画する機能を有します。

(4)　債権認否

　再生手続開始決定がなされると，正確な再生債権額を把握するため，裁判所の所定の書式を用いて，あらかじめ定められた届出期間内に，各債権者から債権額を届け出てもらいます。

　再生債務者は，債権者から届けられた債権額が正しいか調査をし，その結果

を債権認否書に記載して裁判所に提出します。債権者が届け出た債権金額が再生債務者の認識している債権額と異なり，再生債務者が異議を出した場合には，債権者は債権額を争うことができ，それにより債権額を確定します。

(5)　再生計画案の作成，提出

　民事再生手続開始決定後の状況，財産評定や債権認否の結果を踏まえ，再生計画案を作成して裁判所に提出します。

　裁判所に提出された再生計画案については，監督委員が調査をして意見書を提出します。裁判所が，再生計画案を債権者集会の決議に付する旨の決定をすると，再生計画案は，債権者集会の招集通知書，投票用紙，監督委員の意見書とともに債権者に対して発送されます。

(6)　再生計画の認可決定，履行

　再生計画案は，書面投票または債権者集会における投票で，債権認否により債権金額をもとに債権者に与えられた議決権の総額の2分の1以上および投票した債権者数の過半数の賛成を得られれば可決され，裁判所から認可決定が得られます。

　裁判所の認可決定が確定した後，債権者の権利は再生計画に従って変更され，債権者に弁済がなされます。

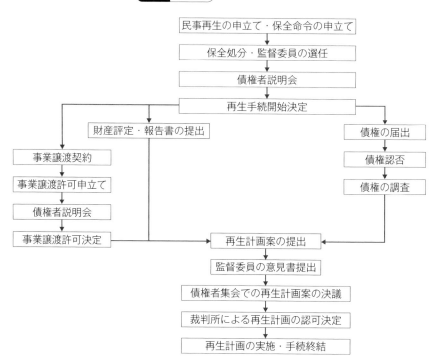

図表 5-1 民事再生の流れ

民事再生の申立て・保全命令の申立て

保全処分・監督委員の選任

債権者説明会

再生手続開始決定

財産評定・報告書の提出

債権の届出

事業譲渡契約

事業譲渡許可申立て

債権者説明会

事業譲渡許可決定

債権認否

債権の調査

再生計画案の提出

監督委員の意見書提出

債権者集会での再生計画案の決議

裁判所による再生計画の認可決定

再生計画の実施・手続終結

(7) スケジュール

　民事再生のスケジュールは，裁判所によって多少異なりますが，民事再生の申立てをしてから再生計画認可決定まで，5か月から6か月程度が標準です。東京地方裁判所では，次のスケジュールが標準となっています。

図表　5－2　民事再生のスケジュール

手続	申立日からの日数
申立て・予納金納付	0日
進行協議期日	0日～1日
保全処分発令・監督委員選任	0日～1日
（債務者主宰の債権者説明会）	（0日～6日）
第1回打合せ期日	1週間
再生手続開始決定	1週間
債権届出期限	1月＋1週間
財産評定書・民事再生法125条報告書提出期限	2月＋1週間
再生計画案（草案）提出期限	2月＋1週間
債権認否書提出期限	2月＋1週間
第2回打合せ期日	2月＋1週間
一般調査期間	10週間～11週間
再生計画案提出期限	3月
第3回打合せ期日	3月
監督委員意見書提出期限	3月＋1週間
債権者集会招集決定	3月＋1週間
書面投票期間	集会の8日前まで
債権者集会・再生計画認可決定	5月

03
民事再生手続を利用すべき
場合

(1) 民事再生手続は事業を毀損するか

事業再生関連の書籍には，必ずといってよいほど，民事再生は事業を毀損するということが記載されています。その理由としては，民事再生の申立てをしたことが公表されるので売上が下がる，取引先に対する債務の支払を止めるので仕入等ができなくなる，というものです。

確かに，私的整理と比べると事業を毀損してしまう可能性が高いのは間違いありませんが，再生債務者の業種や扱う商品，取引先の状況，再生の方針によっては，事業がほとんど毀損しないこともあります。

例えば，飲食店の民事再生の場合，民事再生の申立てをしたことを公表されたとしても，店をオープンしていれば相変わらず顧客は来ます。材料の仕入については，従前の仕入先に対する支払を止めたとしても，現金取引に変えることで継続的に仕入れることができたり，仕入先を変えることで対応することも可能です。

また，ゴルフ場の運営会社の民事再生の場合も，民事再生の申立てをしたことを公表されたとしても，ゴルフ場をオープンしていれば利用客は来ます。ゴルフ会員権を有する会員が債権者の中で多くの割合を占めていることが多いですが，会員に対しては利用権を保証したり，サービスの向上を図ることで理解が得られることが多いです。そうすることで，かえって売上が増えることもあ

ります。

　病院の民事再生の場合も，民事再生の申立てをしたことを公表したとしても患者は来ます。薬剤の仕入についても現金取引に変えたり，仕入先を変えることで対応できることもあります。

　そのほか，小売店，美容業等，特に一般消費者を相手に営業をする事業や，他では製造できない製品を製造していたり，入手困難な製品を製造している企業などの場合には，民事再生の申立てによって事業がほとんど毀損しないこともあります。民事再生は事業を毀損するので，何が何でも避けたい，と単純に考えるのではなく，自己の事業の内容，取引先との関係等を十分に分析・検討し，事業が毀損する可能性が低いのであれば，民事再生を利用することも積極的に検討すべきです。

(2) 民事再生手続により事業が毀損する場合

　なお，民事再生をすると著しく毀損してしまう事業は確かにあります。

　例えば，住宅建築販売会社では，民事再生の申立てをすると，住宅を購入したいという顧客に金融機関が住宅ローンを出さないことが多く，そのため，販売が困難になることが一般的です。また，商社について，民事再生の申立てをすると，販売先から，安定的に商品を供給してくれなくなるおそれがある，という理由から取引を打ち切られてしまい，売上高が激減してしまうことが多く見受けられます。このほか，労働者の多くを派遣会社からの派遣社員に頼っていた会社では，民事再生の申立てにより，派遣会社への支払ができなくなり，派遣社員を引き上げられてしまい，事業の継続が困難になることもよくあります。

　このように民事再生をすると事業を毀損してしまうことはあります。もっとも，このような事業毀損の可能性に対しては，ある程度対応する手段はあります。民事再生の申立てをする場合には，再生債務者の取り巻く環境や内部事情等を十分把握し，事業毀損の防止策を検討したうえで行うことになります。

04 民事再生で事業の毀損を防ぐ方法

(1) 取引先に対する債務の支払方法

　民事再生の申立てをすると，申立前に発生していた取引先への債務について支払ができなくなります。取引先への支払ができなければ，取引先が今後の取引継続を拒否し，再生債務者の事業に大きなダメージが生じてしまうことがあります。事業に大きなダメージが生じると，他の債権者への弁済額も減少してしまい，債権者すべてにとって不利益となってしまいます。このようなことから，事業の毀損を防ぐために，取引先に対する債務を支払う方法を検討することが重要になります。

　民事再生では，①弁済禁止の保全処分（民法再生法30条1項）の例外としての弁済として10万円以下の少額債権であれば，申立後開始決定までの間に弁済をすることができますし，開始決定後も②債務者を主要な取引先とする中小企業者が弁済を受けられなければ事業の継続に著しい支障を来すおそれがあるときには裁判所の許可を得て弁済をしたり（同法85条2項），③手続を円滑に進行させるために裁判所の許可を得て少額債権を弁済したり（民事再生法85条5項前段），④少額の債権を早期に弁済しなければ債務者の事業継続に著しい支障が生じる場合に裁判所の許可を得て弁済をしたり（民事再生法85条5項後段），⑤再生計画上の少額債権の弁済に関して手厚く支払う（民事再生法155条1項ただし書）といった方法をとることができます。

　こうした方法をとることで，取引先の損害を最小限にし，今後も取引を継続することを求めていきます。

(2)　DIPファイナンス

　民事再生の申立てをした場合，通常は，金融機関からの借入れはできませんので，取引先からは，取引を継続したとしても民事再生がうまくいかず，破産をするのではないかという懸念を抱かれてしまうようです。しかし，民事再生をしている事業者に対する貸付けをしている金融機関も少なからずあります。民事再生手続中の事業者に対する貸付けを，DIPファイナンスといいます。

　DIPファイナンスは，通常，借入限度額を設定し，資金が必要な都度，その借入限度額の範囲内で借入れをします。

　DIPファイナンスの借入限度額を設定できたことで，その後の資金ショートのおそれがなくなったことを取引債権者に伝え，その後の取引を安心して継続してもらうようお願いします。

(3)　スポンサーの選定

　再生債務者の信用が失われ，取引継続が困難な場合には，取引先から信用を得られるスポンサー企業を選定し，当該スポンサー企業がつくことで取引先に信用してもらうこともあります。

　特に，早い段階でスポンサー企業がつくことを公表できれば，それだけ事業の毀損を防ぐことができます。そのため，民事再生の申立前にスポンサー企業を決めておき，民事再生の申立てと同時にスポンサー企業を公表することで，事業の毀損を極力少なくしようとする「プレパッケージ型民事再生」が用いられることもあります。

⑷　オーソドックスな方法

　オーソドックスな方法としては，債務者企業の経営者が1件1件取引先を回り，丁寧に頭を下げて，取引継続を要請することです。

　事業再生全体にいえることですが，一番重要なのは経営者の熱意と努力です。技術論も大事ですが，最も効果的な方法であるといえます。

Chapter5

05 民事再生における
再生スキーム

民事再生における再生スキームには，一般に，次のようなものが採用されています。

(1)　収益弁済

再生債務者の事業活動から得られるキャッシュ・フローを弁済原資として，債権者に対して弁済する内容の再生スキームです。

事業の見直しやコスト削減等により収益が確実に見込まれる事業計画を策定したうえで，その事業収益を弁済原資として，減免を受けた後の債務を分割弁済します。そのため，事業収益の試算にあたっては，精度の高い事業計画を立案することが求められます。

弁済期間は5年から10年の長期分割弁済となる場合が通例です。そのため，清算価値保障の原則を充足しているか否かは，弁済率と破産配当率の比較だけではなく，弁済期間を考慮に入れた検討が必要です。具体的には，分割弁済額を合理的な割引率で現在価値算定し，その現在価値と清算価値とを比較して検討することが必要です。

⑵　スポンサー型による事業の再生

　民事再生では，近時，スポンサーからの資金を債権者に対する弁済原資とするスポンサー型の再生計画がほとんどです。スポンサー型の再生スキームとしては，①自己株式を取得して消却したうえで資本を減少させ，スポンサーに株式を引き受けてもらう減増資型，②事業の一部または全部を事業譲渡または会社分割して，その譲渡代金等をもって弁済を行い，事業は譲渡先または承継先で再生を図る一方，債務者自身は清算する事業譲渡型または会社分割型が主に利用されています。

　なお，再生債務者の資金繰りが厳しく，再生計画案の認可決定確定を待っていたのでは，再生債務者の資金繰りが持たなかったり，スポンサーからの支援を受けても債権者に十分な弁済をするだけの資金が残らない可能性もあります。そのため，民事再生では，再生計画案によらなくても，事業の一部または全部を事業譲渡または会社分割して，その譲渡代金等を受領することができます。さらに，事業譲渡については，裁判所の許可を得れば株主総会の特別決議による承認を得なくとも行うことが可能です。

　スポンサー型の事業再生スキームの長所と短所は，図表5－3のとおりです。

図表 5-3　スポンサー型のスキームの長所と短所

スキーム	長　所	短　所
減増資型	・契約関係を維持できる。 ・許認可を維持できる。 ・資産の移転コストが発生しない。 ・裁判所の許可があれば，株主総会の承認は不要。	・承継したくない契約も承継する。 ・再生計画で行うしかないので，時間がかかる。 ・債務免除益課税が生じる可能性がある。
事業譲渡型	・再生計画外でできるので，時間がかからない。 ・裁判所の許可があれば，株主総会の承認は不要。	・契約関係を移転するには相手方の同意が必要。 ・従業員を解雇し，再度雇用しなければならない。 ・許認可を承継することができない。 ・資産の移転コストが発生する。
会社分割型	・再生計画外でできるので，時間がかからない。 ・契約関係を原則として承継できる。 ・従業員を個別同意なく承継できる。	・株主総会の承認の決議が必要。 ・承継できない許認可がある。 ・資産の移転コストが発生する。

Chapter 5

管理型民事再生

(1) 管理型民事再生とは

　管理型民事再生とは，裁判所が選任した管財人が債務者の業務執行権や管理処分権を有し，民事再生手続を進める場合をいいます。

　最近の事例でいうと，レナウンの民事再生は，管理型民事再生で手続が進められました。

(2) どのような場合に管理型となるのか

　管理型となる事例としては，債務者の経営者による財産の管理処分に重大な不正がある場合，債務者の経営者が再建に必要な能力，意思，債権者等に対する信用等を欠き，かつ債務者自身で適切な代替者を選任することができない場合が想定されます。もっとも，このような場合，後に述べるような限界があることから，株式会社の場合には管理型民事再生ではなく，会社更生を利用することが多いです。

　参考までに，最近の事例を紹介しますと，レナウンの場合には，代表取締役は日本人でしたが，取締役会の過半数は親会社の中国企業から派遣された者で構成されていました。レナウン自体は民事再生をして，スポンサーを見つける必要がありましたが，中国の親会社がこの方針に反対でしたので，レナウンの

取締役会では民事再生の申立てをするという意思決定も，その後の手続における意思決定もできませんでした。そこで，レナウンに対して債権を有していた子会社が民事再生の申立てをし，裁判所が管財人を選任して民事再生手続を進めることとしました。

　また，ある病院の民事再生では，債権者から破産の申立てをされ，破産開始決定が出てしまいました。しかし，破産管財人が，病院の公共性やそこで働く従業員のことを考え，事業を継続した方が望ましいと考え，病院の事業を継続するには民事再生手続の方がよいと判断しました。そして，破産管財人は，民事再生の申立てをし，そのまま破産管財人が裁判所から民事再生の管財人に選任され，民事再生の管財人として民事再生手続を進めました。

(3)　管理型民事再生の限界

　民事再生の管財人は，破産管財人と異なって，債務者財産の管理処分権だけではなく，業務遂行権も有しています（民事再生法66条）。

　しかし，民事再生法が再生手続により組織変更を行うことを原則として予定していないので，債務者財産に関係のない，債務者の組織上の権限を行使することはできません。具体的には，役員の選任・解任（会社法329条1項，339条1項），定款変更（会社法466条），合併（会社法748条以下）など，組織変更行為をその権限として行うことはできず，そのための取締役会や株主総会を招集する権限もありません。

　また，管財人は，再生手続において，100％の減資をして資本を入れ替えようとしても，募集株式を引き受ける者の募集に関する条項（民事再生法154条4項）を定めた再生計画案を提出することはできません。

　そのため，管理型民事再生の場合の再生スキームは，自ずと限られてしまうことになります。この点が管理型民事再生の限界であり，このような理由から，管理型については会社更生で行われることが多いです。

07 会社更生手続を利用する場合

(1) 会社更生手続の利用が少ない理由

　再建型の法的整理手続には，民事再生だけではなく会社更生もあります。しかし，会社更生が利用されることは圧倒的に少ないです。

　その理由としては，色々と考えられますが，会社更生は手続が厳格であり，利用しづらいことと，会社更生手続を利用した場合には確実に事業再生できるということを裁判所が求めており，利用しづらいことが大きいと思われます。

(2) 会社更生手続を利用すべき場合

　株式会社が民事再生ではなく，会社更生を利用する場合として，会社の規模が大きいとか，債権者から担保権を実行されそうな場合を例に挙げているものを見かけます。しかし，最近では，中小企業であっても会社更生手続を利用する場合もありますし，担保権の実行についても話し合いで実行されないような解決ができる場合が多くなってきましたので，必ずしもこのような理由で会社更生を利用するわけではなさそうです。

　最近，増えてきているのは，債権者が会社更生の申立てをするケースです。債務者の経営者による財産の管理処分に重大な不正がある場合，債務者の経営者が再建に必要な能力，意思，債権者等に対する信用等を欠き，かつ債務者自

身で適切な代替者を選任することができない場合です。

　このような場合，債務者の経営者が自ら判断して民事再生や会社更生の申立てをせずに，そのままの状況を放置することが多いのですが，債権者としても，そのままの状況を放置することができないので，会社更生の申立てをする，というパターンがほとんどです。

　債権者が民事再生の申立てをして，裁判所に管財人を選任してもらい，民事再生の管財人が再建手続を進めるということも考えられますが，「**06　管理型民事再生**」で説明したとおり，民事再生の管財人は，組織変更行為をその権限として行うことができませんし，100％の減資をして資本を入れ替えようとしても，募集株式を引き受ける者の募集に関する条項（民事再生法154条4項）を定めた再生計画案を提出することはできません。会社更生では，更生管財人は，民事再生ではできない募集株式を引き受ける者の募集に関する条項を定めた計画案を提出することはできますし，株主の協力がなくとも会社分割等の組織再編行為をすることが可能です。そのため，特にスポンサー型の再生計画の場合，スキームまで見据えて会社更生の申立てをすることが多いです。

08 会社更生手続の流れ

　会社更生は，通常，おおむね①事前相談・申立て，②保全措置，③開始決定，④債権の届出・調査・確定，⑤財産評定，⑥更生計画案の提出・決議・認可，⑦更生計画の遂行，⑧更生手続の終結という流れで進行します。

(1)　事前相談・申立て

　債務者である株式会社は，破産手続開始の原因となる事実が生ずるおそれがある場合または弁済期にある債務の弁済によって事業の継続に著しい支障を来すおそれがある場合には，更生手続開始の申立てをすることができます（会社更生法17条1項）。また，前者の事由がある場合には，資本額の10分の1以上の債権を有する債権者および総株主の議決権の10分の1以上を有する株主も，これを申し立てることができます（同条2項）。

　実務では，申立てに伴う混乱や事業の劣化を避けるため，申立ての2週間程度前から，事前相談が行われています。事前相談においては，申立ての確度・予定，更生手続開始の見通し等について事情を聴取したうえ，保全措置を講じる必要の有無やその内容等の打ち合わせ，予納金納付の見込等についても確認しています。

(2)　保全措置

　債務者による申立ての場合には，申立てと同時に，債務者の事業の経営ならびに財産の管理および処分をする権利を保全管理人に専属させる保全管理命令（会社更生法30条）が発令されることが多く，事前相談の内容から必要があると認められるときには，中止命令（同法24条）や包括的禁止命令（同法25条）等の保全措置が講じられることもあります。もっとも，申立ての直前に事前相談が持ち込まれたというような場合には，申立てと同時に弁済禁止等の保全処分（同法28条）を発令したうえで，保全管理人候補者の選定を進め，申立後速やかに保全管理命令が発令されることもあります。

　これに対し，債権者や株主による申立ての場合には，通常，申立ての時点では債務者の経営状況や財務内容等についての情報が不足しているため，調査命令（会社更生法39条）の発令にとどめ，手続開始の原因事実や棄却事由の有無，債務者の業務および財産の状況その他手続開始に必要な事項のほか，保全措置や役員等責任査定決定を必要とする事情の有無等について調査を行うのが一般的な運用です。

(3)　開始決定

　裁判所は，更生手続開始の原因となる事実が認められ，かつ，会社更生法41条1項所定の棄却事由がない場合には，更生手続開始の決定をします。これと同時に，裁判所は管財人を選任し，更生債権および更生担保権の届出期間と調査期間を定め（会社更生法42条1項），開始決定を公告し，知れている更生債権者や更生担保権者その他の利害関係人に通知します（同法42条2項）。

　開始決定が行われると，債務者の事業の経営権や財産の管理処分権は，管財人に帰属し（同法72条1項），更生債権および更生担保権について，更生計画の定めるところによらずに弁済その他の消滅行為をすることは原則として禁止されます（同法47条1項）。

(4) 債権の届出・調査・確定

更生手続に参加しようとする更生債権者および更生担保権者は，債権届出期間内に権利の届出をする必要があります（会社更生法138条）。これを怠ると，更生計画の認可によって失権し，更生会社は免責されます（同法204条）。

届出期間内に届出があった更生債権および更生担保権については，管財人がその内容や議決権等に関して一般調査期間前の裁判所の定める期限までに認否を記載した認否書を提出します（同法146条）。届出をした更生債権者等は，一般調査期間内に限り，更生債権等の内容等について書面で異議を述べることができるものとされており（同法147条），管財人が認め，かつ，一般調査期間内に更生債権者等から異議が述べられなかった更生債権等は，届出どおり確定します（同法150条）。

これに対し，管財人が認めず，あるいは更生債権者等から異議が述べられた更生債権等については，直ちに確定はしません。この場合，異議等が述べられた更生債権等が執行力のある債務名義や終局判決がないものであれば，これを有する者が，認めない旨の認否をした管財人および異議を述べた更生債権者等の全員を相手方として，裁判所に対して査定の申立てをするか（同法151条），あるいは，当該届出債権につき係属中の訴訟手続があるときには，中断している当該訴訟手続の受継の申立てをすることになります（同法156条）。

また，当該届出債権が執行力ある債務名義または終局判決のあるものであるときには，異議者等が訴訟の提起または係属中の訴訟手続の受継をし（同法158条1項・2項），これらの手続を通じて更生債権等が確定されることになります。

なお，更生担保権者が査定の申立てをした場合において，担保目的物の価額について，管財人が認めず，あるいは更生債権者等が異議を述べた場合には，更生担保権者は，当該者全員を相手方として，裁判所に当該財産の価額決定の申立てをすることができます（同法153条）。この決定が確定すると，更生債権等査定申立てまたは査定異議の訴えが係属する裁判所は，決定で定められた価額に拘束され（同法155条），これを前提に更生担保権の内容について判断します。

(5)　財産評定

　管財人は，更生手続開始後遅滞なく，更生会社に属する一切の財産について価額を評定し，その結果に基づいて，更生手続開始時における貸借対照表および財産目録を作成します（会社更生法83条）。財産評定の結果，更生会社が債務超過であることが判明すると，株主の議決権は否定されることになり（同法166条2項），管財人は，財産評定を踏まえて更生担保権の認否を行うとともに，更生担保権者等に配分される財産の範囲等を判断します。

(6)　更生計画案の提出・決議・認可

　管財人は，更生会社の負債および資産の確定手続を踏まえて，更生計画案を策定し，債権届出期間満了後の裁判所の定める期間内にこれを提出します（会社更生法184条）。更生計画案が提出されると，裁判所は，会社更生法189条1項各号のいずれかに該当する場合を除き，更生計画案を決議に付する旨の決定をします。

　更生計画案の決議は，権利の種類によって組分けし，それぞれの組ごとに分かれています（同法196条1項）。更生債権者，更生担保権者，株主は，別の組としなければならない（同条2項）。更生債権の組は議決権総額の2分の1を超える議決権を有する者の同意が必要となります。更生担保権の組は，期限の猶予を定める場合には議決権総額の3分の2以上，減免その他期限の猶予以外の方法による権利変更を定める場合には，議決権総額の4分の3以上，事業全部の廃止を内容とする場合には，議決権総額の10分の9以上の同意が必要です（同法196条5項）。

　裁判所は，可決された更生計画案が会社更生法199条2項各号所定の要件を満たす場合には，これを認可決定します。更生計画は，認可決定の時から効力を生じ（同法201条），遂行段階に移行します。

(7) 更生計画の遂行

　管財人は，更生計画が認可されると，速やかに更生計画の遂行を開始します（会社更生法209条1項）。

(8) 更生手続の終結

　更生手続は，その目的である更生会社の維持更生が達せられた場合には，裁判所の更生手続終結決定によって終了します（会社更生法239条1項）。

(9) スケジュール

　東京地方裁判所では，次のスケジュールで進行するのが一般的です。なお，規模が比較的小さく，意見調整等の必要な更生担保権者の数も少ないケースでは，迅速な進行が見込まれることもあるため，短縮的なスケジュールで進行することもあります。

図表　5-4　東京地方裁判所における会社更生のスケジュール

手　続	標準スケジュール	短縮型スケジュール
事前相談	申立前1～2週間	申立前1～2週間
申立て・保全命令（会社更生法17条, 30条）		
開始原因・財産状況等の調査		
更生手続開始決定（会社更生法41条）	申立てから1か月	申立てから1か月
債権届出期間（終期）（会社更生法42条）	開始決定から2か月	開始決定から1か月＋2週間
財産評定完了（会社更生法83条）	開始決定から5か月	開始決定から3か月＋2週間
債権認否書提出期限（会社更生法146条3項）	開始決定から5か月	開始決定から3か月＋2週間
更生債権等調査期間	認否書提出から2週間	認否書提出から1週間
査定申立て等の裁判手続（会社更生法151条～）	調査期間の末日から1か月以内に申立て	調査期間の末日から1か月以内に申立て
更生計画案提出期限	開始決定から9か月	開始決定から6か月
更生計画案を債権者集会の決議に付す決定（会社更生法189条）		
（書面投票期間）		
決議集会		
認可決定（会社更生法199条）	開始決定から11か月	開始決定から8か月
更生計画の遂行	認可決定から2か月～10年	認可決定から2か月～10年
更生手続終結決定（会社更生法239条）		

09 DIP型更生手続

(1) 手続の概要

　会社更生では，法律上，現経営陣の中から管財人を選任することができます。しかし，従前は，手続の衡平性と透明性を考慮して利害関係のない管財人を選任し，現経営陣を必ず総退陣させる運用が行われてきました。

　しかし，グローバル経済が進展した状況下では，金融機関を含む債権者側においても，破綻した企業との関係を経済的合理性に従って処理する要請が高まっており，再チャレンジの機会を確保することも経済社会の発展のためには必要であるという認識が徐々に広まってきました。また，民事再生法の施行後，DIP型の民事再生手続により相当数の事業再生が図られてきたことから，DIP型手続に対する理解が浸透し，DIP型の会社更生手続を受け入れる社会的な土壌も次第に形成されてきました。

　このような背景事情から，2008（平成20）年12月にDIP型更生手続の運用を導入するための方策が公表され，2009（平成21）年1月から運用されるようになりました。

(2) 4要件

　DIP型更生手続は，①事業価値の毀損の少ない早期における申立てを促すこ

と，②経営の断絶を避け，現経営陣を活用しての再建策を遂行することにより事業価値の毀損を防止して利害関係人の満足を最大化すること，③更生手続が倒産手続全体の中でふさわしい役割を果たせるよう事案に即した多様な選択肢を提供することを目的として運用されています。

　そのため，DIP 型更生手続を利用するには，次の 4 要件を満たす必要があります。

❶　現経営陣に不正行為等の違法な経営責任の問題がないこと

❷　主要債権者が現経営陣の経営関与に反対していないこと

❸　スポンサーとなるべき者がいる場合はその了解があること

❹　現経営陣の経営関与によって更生手続の適正な遂行が損なわれるような事情がないこと

(3)　開始決定までの手続

　DIP 型更生手続でも，事案の把握に加え，申立日や当面の資金繰りの確認，予納金や監督委員兼調査委員選任の準備等のため，遅くとも申立ての数日前には，事前相談に入る必要があります。

　申立ての時点では，DIP 型更生手続の 4 要件を満たしているかどうかは明確ではないのが通常です。そこで DIP 型更生手続の事例では，従来型の運用とは異なり，申立ての当日には，現経営陣の経営権を留保するため，保全管理命令を発することなく，弁済禁止の保全処分を発令したり，事案によっては包括的禁止命令を発令したりするにとどまります。これと同時に，監督命令兼調査命令を発令し，倒産事件の経験が豊富な弁護士が監督委員兼調査委員に選任されます。監督委員兼調査委員は，監督委員として現経営陣の経営状況を監督するとともに，調査委員として開始決定の存否等の通常の調査事項に加えて，現経営陣の事業家管財人としての適性に関する調査も行います。

　監督委員兼調査委員は，調査命令で定められた調査事項を調査し，その結果を調査報告書にまとめて裁判所に提出します。

⑷　開始決定後の手続

　監督委員兼調査委員の調査報告の結果，更生手続を開始するのが相当であり，かつ，DIP 型の 4 要件を満たすものと認められる場合には，更生手続が開始され，現経営陣の中から事業家管財人が選任されます。これと同時に，裁判所は，改めて調査命令を発令し（会社更生法125条），保全段階における監督委員兼調査委員を更生手続開始後の調査委員に選任します。調査委員は，管財人が行う財産評定，債権調査，更生計画案の当否の調査をするとともに，裁判所からの要許可事項の許可申請をする場合に意見を付する役割をします。

　従来型の会社更生事件では，申立代理人の更生手続への関与は限定的なものでしたが，DIP 型会社更生では，事業家管財人を法的側面からサポートする法律専門家の存在が欠かせません。そこで，DIP 型会社更生では，申立代理人は，事業家管財人との間で契約を締結して法律家アドバイザーとなるか，あるいは法律家管財人に選任されるのが一般的です。

⑸　更生計画の認可後

　更生計画の認可決定後は，管財人は，更生計画の遂行にあたります。更生計画の内容によっては，認可前の管財人が退任してスポンサーから派遣された事業家管財人に交代することもあります。更生計画が認可された後は，裁判所の許可が必要とされる管財人の行為の範囲は縮小されるのが通常であり，これに応じて調査委員の任務も軽減されます。更生計画の認可決定後においては，従来型と DIP 型との間で手続の運用，進行に格別異なるところはありません。

⑹　スケジュール

　DIP 型会社更生のスケジュールは，図表 5 － 5 のとおりです。通常の会社更生よりも短期間となっています。

図表 5-5 DIP型会社更生のスケジュール

手　　続	スケジュール
事前相談	申立前1～2週間
申立て・調査命令・監督命令，弁済禁止の保全処分 　（会社更生法39条・35条・37条,28条）	
【監督委員兼調査委員（会社更生法35条・39条）】	
開始原因・財産状況，管財人の適正性の調査	
現経営陣の経営状況の調査	
【現経営陣】	
会社経営全般（事業経営・財産管理処分権を留保）	
【申立代理人】	
現経営陣に対する法律的助言	
更生手続開始決定（会社更生法41条）	申立てから3週間
債権届出期間（終期）（会社更生法42条）	開始決定から6週間
財産評定完了（会社更生法83条）	開始決定から8週間
債権認否書提出期限（会社更生法146条3項）	開始決定から8週間
更生債権等調査期間	認否書提出から1週間
査定申立て等の裁判手続（会社更生法151条～）	調査期間の末日から1か月以内に申立て
更生計画案提出期限	開始決定から18週間
更生計画案を債権者集会の決議に付す決定（会社更生法189条）	
（書面投票期間）	
決議集会	
認可決定（会社更生法199条）	開始決定から23週間
更生計画の遂行	認可決定から2か月～3年
更生手続終結決定（会社更生法239条）	

経営者が留意すべき事項

10

(1) 決断を先延ばしにしない

　現在の事業再生の専門家の思考の順序は，可能な限り私的整理で事業を再建し，それが困難であれば，法的整理で再建する，というものです。

　しかし，私的整理での再建が客観的に判断して困難な場合には，迷わずに民事再生や会社更生といった法的整理で再建をすべきです。

　経営者は，民事再生等の申立てをすると，取引先に迷惑がかかる，実質的な倒産であり，経営者としての地位を失う，といった理由から民事再生等の法的整理に踏み込まず，結果として放置した状態にする傾向にあります。しかし，取引先に迷惑がかかるのは，民事再生等の申立てをするからではなく，事業者の資金繰りが破綻しているからです。

　むしろ，民事再生等の申立てをせずに，その状態を放置することで取引先の負担が大きくなり，最終的に破産をしてしまえば，かえって迷惑をかけることになります。また，民事再生等の申立てをすることで，経営責任をとられ，経営者としての地位を失うことはありますが，早期に民事再生の申立てをし，事業の立て直しに成功すれば，経営者として残る可能性はありますし，スポンサー型であっても，スポンサーからの信頼を得られれば，経営を任されることもあります。

　これまで民事再生の申立てを決断できず，結果として破産となってしまった

ケースはいくつもあります。客観的に判断して私的整理での事業再生が困難である場合には，民事再生等の申立てを決断すべきです。

(2)　専門家には隠しごとはしない

　交渉上，不要なことは言わない，という習慣がついているからか，経営者の中には，代理人弁護士等に隠しごとをする方がいます。民事再生手続では，情報開示が求められ，色々な質問がなされますが，その過程で経営者による隠しごとが判明すると，債権者からの信頼を失い，民事再生での再建が困難になることがあります。

　代理人弁護士等には守秘義務がありますので，承諾なしに外部に漏らすことはありません。また，代理人弁護士等は経営者を守ってくれる存在ですので，相談できることは包み隠さずに相談し，信頼関係を築くことが重要です。

Chapter 6

スポンサーの支援を受ける

01 スポンサーの支援を受ける場合

(1) 自主再建ができる場合

　自主再建とは，現在の経営者が経営権を維持したまま自助努力によって事業を再建することをいいます。

　経営者としては，事業者を自力で再建させ，債務整理の開始後も経営権の維持を希望することが多いと思います。

　一般的に，自主再建を図るためには，次の条件を充たしていることが望ましいと考えられています。

① 経営者に引き続き経営を行う意欲と能力があること

　自主再建を行うためには，経営者に経営を継続する意欲が必要であることは当然のことです。一方，経営が傾いたのは経営者の能力によるものですので，経営者は債権者からその経営能力を疑われていることが一般的です。経営者は，このことを自覚して，生まれ変わったつもりで努力することが必要です。

② 事業者に一定の事業価値があること

　自主再建の場合，事業活動から生じるキャッシュ・フローが債権者に対する弁済原資となりますので，近い将来において，事業から一定の利益を生み出せる程度の事業価値を有することが前提となります。

③　資金的余裕があること

自主再建の場合，今後の仕入等の資金がなければ事業を継続することができませんので，資金的余裕が必要です。

④　経営権の維持に経済的合理性が認められること

事業者が窮境に陥ったことに関して経営者の責任が問われることがほとんどですが，窮境原因について経営者に責任があったとしても，それを上回る経済的合理性があることを説明することで債権者の理解を得ることができる場合もあります。

(2)　自主再建が困難な場合

(1)で述べた条件を充たさない場合には自主再建は困難ですので，スポンサーの支援を検討すべきです。また，(1)で述べた条件を充たしたとしても次のような事情がある場合には，自主再建は困難ですので，スポンサーの支援を検討すべきです。

①　取引先からの信頼を失っている場合

取引先からの信頼を失っている場合には，第三者からの支援を受けて再建を図らざるを得ませんので，自主再建を諦めてスポンサー型での再建を目指すことになります。

②　重大な不祥事等がある場合

例えば，現在の経営者に事業者の財産の私的流用や多額の粉飾決算といった重大な不祥事があり，私財提供等の一定の経営責任を果たしたとしても経営権の維持に債権者の理解が得られないような場合には，自主再建は困難ですので，スポンサー型での再建を目指すべきです。

02 スポンサーの選定基準と選定手続

スポンサーの選定については，入札手続によることが必要であると思われがちですが，時間と費用をかけた入札手続でスポンサーを決める必要性がない場合もあります。最近は，事業者の規模，事業者の事業内容，特定個人への依存度，時間的余裕というような要素を総合的に考慮し，入札によってスポンサー候補者を選定することがふさわしい規模および状況であるかをまず判断します。

そして，入札によってスポンサーを選定する必要がない場合には，スポンサーから支援を受けることで，債権者に対して，事業者が破産した場合の配当よりも多額の弁済が可能となることを大前提とし，そのうえで，事業の維持・継続・拡大の目的，シナジー効果，従業員の雇用維持，取引先との取引条件維持，地域社会への貢献度合，経営方針の相当性等を総合的に考慮して，当該スポンサーを選定することに合理性があるかどうかを判断します。

他方で，大型の事業再生案件で，複数のスポンサー候補が現実に存在し，入札手続をとることで弁済を極大化し得る可能性が高い場合には，複数のスポンサー候補者から入札提案を受け，厳格な基準によってスポンサーを選定します。この場合には，スポンサーからの支援額が，スポンサー選定にあたっての中心的な判断要素となります。

Chapter6

03 事業価値の算定

(1)　事業価値とは

　スポンサーによる支援の方法は単純ではありませんが，スポンサーが事業を
譲り受けたり，会社分割により事業を承継したり，減増資により事業を取得す
る場合には，その事業価値以上の対価を支払う必要があります。

　事業価値とは，企業が事業を継続することにより得られる将来収益等を基礎
に算定されるもの，すなわち事業から創出される価値をいいます。

(2)　事業価値の算定方法

　事業価値の算定は，一般的に次の3つのアプローチによって行われます。

①　インカム・アプローチ

　事業から期待される収益，ないしキャッシュ・フローに基づいて価値を算定
する手法です。インカム・アプローチによる事業価値の算定手法にも複数の種
類がありますが，将来生み出されると予想されるフリーキャッシュ・フローを
現在価値に割り引くことにより事業価値を算定するDCF法（ディスカウント
キャッシュ・フロー法）が最も多く用いられています。

　インカム・アプローチは，将来の収益獲得能力や個別の事情や市場での取引

環境が評価結果に反映される点で優れています。しかし，将来収益に関する事業計画の前提条件等に恣意性が入ってしまい，客観性に問題が生じる可能性があります。

②　ネットアセット・アプローチ

　ネットアセット・アプローチとは，企業の貸借対照表上の純資産に着目したアプローチです。承継する資産と負債の帳簿価額に基づいて算出する簿価純資産法と承継する資産と負債を時価評価して算出する時価純資産法の2つの方法がありますが，一般的には時価純資産法が用いられます。

　ネットアセット・アプローチは承継する資産と負債から算出するものであり，かつ時価等の情報が算出しやすい状況であれば客観性に優れています。しかし，将来の収益獲得能力や市場での取引環境を反映しておらず，事業が継続しているときの価値を反映しているといいがたいのが難点です。

③　マーケット・アプローチ

　マーケット・アプローチとは，上場している同業他社や類似取引事例など，類似する会社，事業ないし取引事例と比較することにより相対的に価値を評価するアプローチをいいます。

　マーケット・アプローチにも色々な手法がありますが，類似上場会社から選定された指標に基づき事業価値との倍率，その中でも類似上場会社複数社の償却前営業利益（EBITDA）倍率（事業価値÷EBITDA）を算定し，これを譲渡ないし承継する事業の償却前営業利益に乗じて算定する EBITDA マルチプル法が最も多く用いられています。

　マーケット・アプローチは，市場に公開されている財務指標から事業価値を算出するので客観性が高く，現在の市場取引環境を反映している点で優れています。しかし，対象となる事業者に類似した既存の企業が見つからない場合には，この方法を使用することができないのが弱点です。

Chapter6

04 スポンサーの支援を受ける方法

(1)　スポンサーの支援を受ける方法

　スポンサーから支援を受ける方法には色々と考えられますが，典型的な方法としては，事業譲渡，会社分割および減増資の3つが挙げられます。このうち，減増資は，通常のM&Aで用いられる株式譲渡や第三者割当増資と同様，経営支配権の移転を行う手法であるのに対し，事業譲渡と会社分割は，いずれも法人格を異にする会社に事業を承継させる手法です。

(2)　事業譲渡

①　メリット

　事業譲渡は，法的整理では，早期に計画外で裁判所の許可を得て株主総会の特別決議による承認を経ずにこれを行うことが可能です。私的整理では，株主総会の特別決議による承認を経る必要はありますが，会社分割と異なり債権者保護手続や労働契約の承継に係る手続が不要なため，迅速な事業の承継が可能です。

　また，事業譲渡は，簿外債務や偶発債務を遮断することができるので，私的整理でもこのスキームを用いれば簿外債務等を承継してしまうリスクを回避することができます。

さらに，事業譲渡においては，譲受人は譲渡人の従業員の雇用を継続する必要は原則としてありませんので，スポンサーとしては，自らの戦略に従って雇用する人数や必要とする人材，賃金体系その他の労働条件を設計することが可能であり，労働効率を上げることが相対的に容易となります。

　加えて，事業譲渡では，事業譲渡をした後の旧会社を解散して清算することにより，課税のリスクを回避することができます。

②　デメリット

　他方で，事業譲渡は，個別の契約については当然には承継することになりませんので，それぞれの相手方の同意を得て譲受会社に承継させる必要があります。相手方が同意しない場合には，事業の継続に必要な契約が承継できないことになります。

　また，許認可の必要な事業については，譲受会社においてすでに許認可を得ていれば別ですが，そうでなければ新規に取得する必要があります。許認可の取得には時間がかかりますので，事業の活動に空白期間が生じる場合があります（ただし，会社更生において，更生計画で事業譲渡をすることを定めた場合には，許認可が承継される仕組みになっています）。

　さらに，事業の継続に必要な不動産を所有している場合には，不動産の所有権移転に伴い登録免許税や不動産取得税がかかります。

(3)　会社分割

①　メリット

　会社分割は，スポンサーが承継する事業を契約により自由に選択することができますので，簿外債務や偶発債務を承継するリスクを回避することができますし，旧会社を解散して清算することにより課税のリスクを回避することができます。

　また，新設分割計画または吸収分割契約に記載された分割会社の契約上の地

位および債権債務は，相手方の同意を得ることなく法律上当然に承継会社に承継することができますので，事業の継続に必要な契約が承継されない危険も回避することが可能です。

さらに，会社分割では，一定の要件を満たした場合には，不動産取得税が非課税となりますし，事業譲渡と異なり消費税も課税されません。

②　デメリット

会社更生手続における更生計画での会社分割を除き，会社分割を行う場合には株主総会の特別決議が必要ですので，株主構成によっては，会社分割ができない可能性があります。

また，会社分割は債権者保護手続や労働契約の承継に係る手続が必要となりますので，事業譲渡に比べると時間がかかります。

さらに，許認可についても業種により承継されないので，事案によっては大きな障害になります。

(4)　減増資

①　メリット

減増資の場合，法人格が同一のまま支配権が移転しますので，取引主体の変更手続や許認可の承継リスクは生じません。

②　デメリット

私的整理の場合，減増資では簿外債務や偶発債務を負担するリスクが残ります。

また，私的整理では，資産の評価損を計上できないので，債務免除益が多額に上る場合には債務免除益課税に留意する必要があります。

さらに，法的整理では，減増資では再生計画または更生計画でしか行うことが認められていませんので，時間がかかるという難点もあります。

161

05 事業譲渡と破産

(1) 破産手続との組み合わせが利用される理由

　経営者は，自主再建にこだわることが多く，そのため私的整理で頑張りすぎてしまう傾向にあります。そのため，気付いた時には，仮に民事再生等の法的整理を利用しても資金繰りがもたず，直ちにスポンサーに事業を譲渡しなければ事業の継続は困難になるような状況に陥ることがあります。

　また，税金や社会保険料をかなり滞納してしまったために，民事再生等の中でスポンサーに事業譲渡をしようとしても，スポンサーからの事業譲渡代金では，これらの税金や社会保険料の滞納額すら支払うことができず，一般債権者に弁済することができないので，再生計画案を作成することができない状況になることもあります。

　このようなことから，最近，①事業譲渡をしてから破産の申立てをする，②事業譲渡契約を締結してから破産の申立てをし，裁判所が選任した保全管理人に事業譲渡を実行してもらう，③破産手続開始決定後，破産管財人が事業譲渡契約を締結し，事業譲渡を実行する，ということがよく行われています。

(2) 事業譲渡をしてから破産の申立てをする

　事業譲渡をしてから破産の申立てをするスキームですが，これは迅速に事業

を承継するので，事業を毀損させずに継続できるというメリットがあります。

　しかし，事業譲渡は，株主総会の特別決議による承認が必要ですので，株主構成により株主総会の特別決議による承認を得ることができない場合にはこのスキームを利用することはできません。

　また，このスキームを実行したとしても，裁判所から選任された破産管財人が，この事業譲渡の妥当性について調査します。スポンサーの選定手続が妥当でなかったり，事業譲渡代金が不相当であったと判断された場合には，事業譲渡先と破産管財人との間で紛争が生じる可能性があります。

⑶　保全管理人に事業譲渡を実行してもらう

　事業譲渡契約を締結してから破産の申立てをし，裁判所が選任した保全管理人に事業譲渡を実行してもらうスキームですが，このスキームは保全管理人が裁判所の許可を得て行いますので，株主総会の特別決議による承認を得ることができない場合でも利用することができます。

　しかし，裁判所から選任された保全管理人が，この事業譲渡の妥当性について疑義を抱いた場合には，事業譲渡を実行するまでに時間がかかったり，事業譲渡を実行できない可能性もあります。そのため，このスキームを利用する場合には事業譲渡先の選定過程や，事業譲渡価格の妥当性についてきちんと説明できるよう準備しておくべきです。

　実際にこのスキームを利用する場合には，保全管理人が事業譲渡の妥当性を疑わないよう，事前に裁判所と保全管理人との間で十分な協議をし，それから破産の申立てをすることとなります。

⑷　破産管財人が事業譲渡契約を締結し，事業譲渡を実行する

　破産管財人が事業譲渡契約を締結し，事業譲渡を実行する場合ですが，このスキームは破産管財人の考えや技量によるところが大きいこと，また，破産手

続開始決定後は事業が毀損することが一般的であり，破産管財人が事業譲渡を
するまで事業を継続する等して事業が毀損しないよう工夫をする必要がありま
すので，非常に難しいスキームといえます。破産手続開始決定後，短期間で事
業譲渡先との間で契約を締結し，事業譲渡を実行する必要があります。

Chapter 7

廃業する

01

廃業とは

(1) 廃業の意義とその種類

　廃業とは，法人や個人事業主が自主的に事業をやめることをいいます。事業活動を停止する点では倒産も同じですが，倒産が事業活動を継続することができなくなった状態であることを意味するのに対し，廃業は，事業活動を継続することができる場合であっても，事業活動をやめる場合を含む点で意味が異なります。

　廃業には単純に事業を停止してしまうパターンと，事業を承継したうえで事業を停止する承継型のパターンがあります。

　単純に廃業するパターンには，事業者が負担する債務をカットする手続が必要な場合と必要でない場合があります。

　債務をカットする必要がない場合には，事業者は解散し，そのまま清算します。他方で，債務をカットする必要がある場合には，①破産，②特別清算，③特定調停（廃業支援型），④ REVIC の特定支援等を利用することになります。

　事業を承継して廃業するパターンですが，事業者が負担する債務をカットする必要がない場合には，通常は，株式等の持分を譲渡すれば済みますので，廃業の問題は生じません。債務をカットする必要がある場合には，Chapter 6 で説明した手続で行います。

⑵　廃業届出をするだけで足りるか

　廃業をするにあたって，税務署，都道府県税事務所，市町村役場等の行政への届出をするだけで，解散，清算等の手続をせずに済ませるケースが多く見られます。企業が負担する債務をカットする手続が必要ないのであれば，それでも足りるのかもしれません。

　しかし，債務のカットが必要な場合にきちんと法的な手続をしないと，債権者は債権を損金計上できず，迷惑を被りますし，企業の代表者の連帯保証債務もなくならず，代表者が安心して生活できない可能性が残ることとなります。

　したがって，廃業は行政への届出のみで済ませるのではなく，きちんと清算まですべきです。

02

解散と清算

(1) 解散とは

　解散とは，事業者が法人の場合，法人格の消滅を生じさせる原因となる法律事実をいいます。法人格の消滅を生じさせる原因ですので，解散すれば直ちに法人が消滅するわけではありません。法人を消滅させるには，解散後に清算という手続を経る必要があります。清算は，債権債務の後始末や，構成員に残余財産の分配などを行う手続です。

　解散は，株式会社の場合，①定款で定めた存続期間が満了すること，②定款で定めた解散事由の発生，③株主総会で解散を決議した場合，④合併，⑤破産手続開始の決定，⑥解散を命じる裁判があった場合に生じます（会社法471条）。このうち，④合併と⑤破産は，清算手続を経ずに法人格が消滅しますが，その他の原因で解散した場合には，清算手続を経て法人格が消滅します。

(2) 清算手続の流れ

　清算とは，解散した法人について債権債務などの後始末をして，残った財産を構成員に分配する手続をいいます。清算手続は，清算人が行います。清算人は，株式会社であれば，①取締役か，②定款で定める者か，③株主総会の決議により選任された者か，④裁判所が選任した者がなります（会社法478条）。

図表　7-1　株式会社の清算手続の流れ

```
┌──────────────┐
│     解散      │
└──────┬───────┘
┌──────┴───────┐
│ 清算人等の選任・就任 │
└──────┬───────┘
┌──────┴───────┐                    ┌──────────────────┐
│  清算業務の執行  ├────────────────┤     現務の結了     │
└──────┬───────┘     │              └──────────────────┘
       │              │              ┌──────────────────────────┐
       │              ├──────────────┤ 財産処分・債権取立て・債務弁済 │
       │              │              └──────────────────────────┘
       │              │              ┌──────────────────┐
       │              └──────────────┤   残余財産の分配    │
       │                             └──────────────────┘
┌──────┴───┐  ┌──────────────┐  ┌──────────────┐
│ 決算報告書 │  │  特別清算手続  │  │  破産手続     │
└──────┬───┘  └──────────────┘  └──────────────┘
┌──────┴───┐
│ 株主総会の承認 │
└──────┬───┘
┌──────┴───┐
│ 清算結了の登記 │
└──────────┘
```

　株式会社の場合，清算人は，まず，解散と清算人の就任登記の申請と，債権者に対して債権を申し出るよう官報による公告を行います。また，債権者とわかっている人に対しては，個別に債権を申し出るように催告します（会社法499条）。

　これらの手続と並行して，清算人は，解散日現在の財産目録と貸借対照表を作成し，その内容について，株主総会の承認を得ます（会社法492条）。また，清算人は，株式会社の現在の業務を終了させるとともに，会社財産の処分や債権の回収などを行います（会社法481条）。

　債権者に対する公告期間が経過したら，債権者に債務を弁済します。債務の弁済後に残った財産があれば，株主に分配します。

　残余財産の分配が終わり，清算事務が終了したら，清算人は決算報告を作成して，株主総会の承認を得ます（会社法507条）。決算報告が株主総会で承認されると清算手続は終了となり，法人格は消滅します。清算人は，株主総会で決算報告が承認された日から2週間以内に，清算結了の登記を申請しなければなりません（会社法929条）。

Chapter 7

過大な債務がある場合の清算

資産に比べて債務が過大な事業者については，過大な債務を整理しなければ，清算することはできません。

清算をする事業者の過大な債務の整理手続についても，事業の再生のときと同様に法的整理と私的整理があります。

法的整理とは，法律の定めに従い進めるもので，裁判所が関与する債務整理手続をいいます。これに対して，私的整理とは，法律の定めがなく，裁判所が関与しない債務整理手続をいいます。

さらに，清算の場面における法的整理には，特別清算と破産があります。私的整理には，純粋私的整理と準則型私的整理があり，準則型私的整理には，協議会の再チャレンジ支援，REVIC の特定支援，日弁連の特定調停スキームがあります。

図表 7-2 清算の場面における債務整理手続の分類

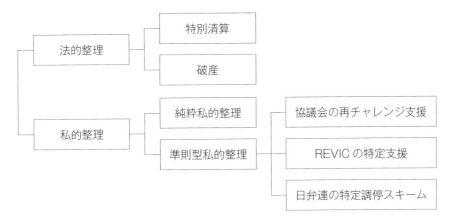

Chapter 7

04 私的整理での清算

(1) 純粋私的整理

　清算型の私的整理の場合，事業者の資産を換価し，債権者との話し合いによって債務を減額してもらったり，分割払いにしてもらったりして債務を整理します。

　事業者の資産を換価するだけでは，債務を支払うことができない場合，金融機関等に債務を減額してもらったり，経営者が今後，勤務して得られる収入で分割弁済する等の交渉が必要となります。経営者が親族等から資金を融通してもらい債務の残額を返すという手段もあります。

　金融機関は，債務の減額になかなか応じてくれないことが多いですが，金融機関が債権をサービサーに売却した場合，サービサーからは条件次第で，減額をしてもらえる可能性があります。

　しかし，清算型の場合，事業存続という社会的意義がなくなる分，再生型よりも難しいのが実情です。衡平性，透明性をいかに確保し，債権者の理解を得るかが重要といえます。

(2) 協議会の再チャレンジ支援

　協議会は，中小企業に対する再生計画策定支援等の再生支援事業を実施する

ため，経済産業大臣から認定を受けた商工会議所等に設置される組織です。

　しかし，2013（平成25）年12月に公表された経営者保証ガイドラインが，事業者の再生の局面だけではなく，事業者の廃業の局面においても利用されるものであることから，経営者保証ガイドラインの一層の普及のためには，事業者の廃業支援の必要性が強く認識されるようになりました。そのため，本来的には事業者の再生支援事業を実施してきた協議会が，その事業者の再生が困難であると判断した場合には，経営者保証ガイドラインを利用して廃業を支援し，経営者が再チャレンジする機会を支援するという制度が2018（平成30）年9月1日からスタートしました。

　協議会は，窓口相談（一次対応）の時，再生計画策定支援（二次対応）を終了する時，モニタリング期間中，のいずれかの場合において，事業の再生が極めて困難であると判断した場合には，事業者にその旨を伝えます。その結果，事業者が清算を選択した場合，経営者について経営者保証ガイドラインに基づく保証債務の整理の支援を行い，法的整理によらない清算を実施する際には弁護士とともに金融機関との調整をサポートします。

(3)　REVICの特定支援

　REVICの特定支援は，2014（平成26）年10月からREVICに追加された機能の1つです。

　特定支援とは，金融機関等の協力を得て，新たな事業の創出その他の地域経済の活性化に資する事業活動の実施に寄与する目的で，過大な債務を負っている事業者の債務と事業者の債務を保証している経営者の保証債務とを整理するものです。具体的には，REVICが過大な債務を負っている事業者の関係金融機関等から，当該事業者に対する債権を買い取って事業者の債務整理を行うと同時に，経営者の保証債務について経営者保証ガイドラインに沿って一体整理を行います。

　特定支援の弁済計画は，現存資産を弁済原資とし，基本的に将来の収益によ

る弁済計画を立てることはできません。経営者の再チャレンジを図ることが目的ですので，再生支援のような収益性向上の基準や有利子負債基準等の数値基準はありません。

　手続的には，事業者，代表者等保証人，持込行である金融機関の三者連名での申込みが必要となります。

　また，少なくとも，関係金融機関等の1社からの債権買取が必要であり，債権買取を行わないと支援撤回となってしまいます。

Chapter7

05 特定調停

(1)　日弁連の特定調停スキーム

　2017（平成29）年1月27日に日本弁護士連合会が「事業者の廃業・清算を支援する手法としての特定調停スキーム利用の手引き」（2018年5月18日改訂）を公表しました。この手引自体は，弁護士向けに公表されたものですが，これまで個人や事業者の債務整理の手続として利用されてきた特定調停を，事業者の廃業の場面でも利用しようという動きが出てきました。

　この事業者の廃業・清算を支援する手法としての特定調停スキームは，事業者の金融債務と経営者の保証債務を一体として処理することを目的としていますが，事業者の債務整理のみについても利用することが可能です。

　事業者（主たる債務者）および保証人のメリットとしては，①取引先を巻き込まないで債務を整理することが可能であること，②柔軟な弁済計画の策定が可能であること，③手続コストが低廉であること，④主債務と保証債務を一体的に整理することができること，⑤保証人に破産したとき以上に資産を残すことが可能であり（保証人に破産したとき以上に残すことのできる資産をインセンティブ資産といいます），また，保証人が債務整理したことについて信用情報機関に登録されないので，保証人の経済的更生を図りやすいこと，⑥特別清算と異なり，株式会社以外の法人も利用できること，といったものが挙げられます。

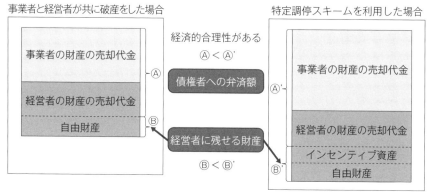

図表 7-3 インセンティブ資産の考え方

事業者と経営者が共に破産をした場合

経済的合理性がある
Ⓐ < Ⓐ'
債権者への弁済額

Ⓑ < Ⓑ'
経営者に残せる財産

事業者の財産の売却代金

経営者の財産の売却代金

自由財産

特定調停スキームを利用した場合

事業者の財産の売却代金

経営者の財産の売却代金

インセンティブ資産

自由財産

事業者と経営者が破産をしないことで，事業者と経営者の資産が破産をしたときよりも高く売却できれば，経営者により多くの財産を残すことができる。

　また，金融機関（債権者）のメリットとしては，❶経済的合理性が確保されていること，❷裁判所が関与するので，公正性が担保されること，❸資産調査や事前協議が実施されるので，管理コストが低減されること，❹債権放棄額を貸倒損失として損金算入が可能であること，といったメリットがあります。

(2)　廃業支援型特定調停手続の進め方

　まず，将来の清算時の事業者の主たる債務および保証人の保証債務の回収見込額と，現時点において清算した場合の事業者の主たる債務の弁済計画案と保証債務の弁済計画案をそれぞれ作成します。

　作成したら，まずはメインバンクへ現状と方針を説明し，事業廃止への協力と返済猶予の申入れをします。メインバンクの協力が得られそうなら，他の金融機関や信用保証協会等に現状と方針を説明し，事業廃止への協力と返済猶予の申入れをします。

　次に，事業者の財産目録，清算貸借対照表，弁済計画案，調停条項案を作成し，保証人も同時に処理するのであれば，保証人の資産目録，調停条項案，表

図表 7-4 特定調停スキームの流れ

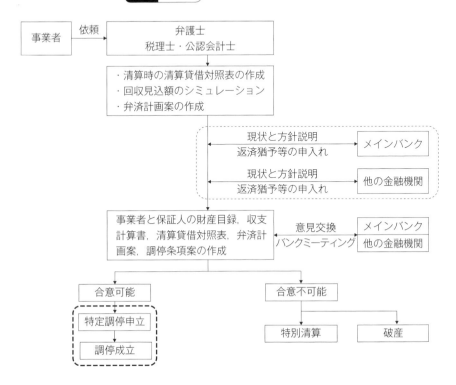

明保証書を作成します。作成したら，金融機関に提示し，説明をし，意見交換
をし，必要であれば修正をし，全金融機関から同意の見込みを取り付けます。

　同意の見込みを取り付けたのであれば，特定調停の申立てをし，債権者が調
停条項に合意をすれば調停が成立します。調停が成立した後は，調停条項に従
って弁済すれば終了です。なお，債権者が調停条項に合意をしないまでも，調
停条項につき裁判所の決定があれば異議を述べないという段階まで達している
のであれば，裁判所に調停条項案と同じ内容の民事調停法17条の決定を出して
もらい，当該決定が確定すれば，決定のとおりに支払えば終了となります。

06 特別清算

(1) 特別清算とは

特別清算とは，解散して清算中の株式会社が債務超過の疑いがある場合に利用する手続をいいます。清算型の倒産処理手続に分類されますが，破産と比較すると，次の4つの特徴があります。

① 利用できる主体

特別清算は，解散して清算中の株式会社のみ利用することができます。これに対し，破産は，株式会社以外の法人も利用することが可能ですし，個人も利用できます。

② 手続を進める者

特別清算では，裁判所の監督のもと，清算人が清算事務を遂行します。清算人は，❶株式会社の取締役であった者，❷定款で定める者，あるいは❸株主総会の決議によって選任された者ですので，ある程度株式会社の意向を反映した処理が可能です。これに対し，破産は，裁判所から選任された破産管財人が手続を進めますので，公平・誠実に遂行されます。

③　債権者の同意

　特別清算では，換価した財産を弁済原資とした債務の支払について協定案を作成し，債権者集会に協定の申出をし，出席した議決権者の過半数の同意と議決権者の議決権の総額の3分の2以上の議決権を有する者の同意を得て，さらに裁判所の認可を受ける必要があります。

　また，協定でなければ，裁判所の許可を得て債権者と和解契約を締結する必要があります。

　これに対し，破産では，破産管財人と裁判所の判断で手続が進められるため，このような債権者の同意を得る場面はありません。

④　手続費用

　特別清算では，予納金が低くて済みますが，破産の場合，破産管財人が選任されることもあり，高額となります。

(2)　特別清算の手続の種類

　特別清算の手続には，「協定型」と「和解型」の2つのパターンがあります。協定型とは，債権者集会で協定案を示して，債権者集会でその協定案について決議をし，可決された場合に裁判所の認可を受けて債務の減免を図る手続をいいます。

　これに対し，和解型は，裁判所の許可を得て個別に債権者との間で和解契約を締結し，債務を減免してもらう手続をいいます。

(3)　特別清算の手続の流れ

　特別清算の申立ては，債権者，清算人，監査役または株主ができますが（会社法511条1項），清算中の株式会社に債務超過の疑いが生じたときは，清算人は特別清算の申立てをしなければなりません（同条2項）。

裁判所は，特別清算手続開始の申立てがなされて，清算の遂行に著しい支障を来すべき事情があることや債務超過の疑いがあることといった特別清算開始原因があるときには，特別清算開始命令を出します（会社法510条）。

　清算人は，会社の財産状況を調査し，調査した資産や負債を前提として，債務の弁済方法を検討し，和解型の場合は，裁判所の許可を得て債権者と和解契約を締結します（会社法535条1項4号）。協定型の場合には，債権者集会に協定の申出をし（会社法563条），出席した議決権者の過半数の同意と議決権者の議決権の総額の3分の2以上の議決権を有する者の同意を得て（会社法567条），さらに裁判所の認可を受けます（会社法569条）。

　そして，和解契約や協定に基づき債務の弁済が完了すれば，清算人の申立てにより裁判所が特別清算終結決定をし（会社法573条），特別清算が終了します。

図表 7-5 特別清算の手続の流れ

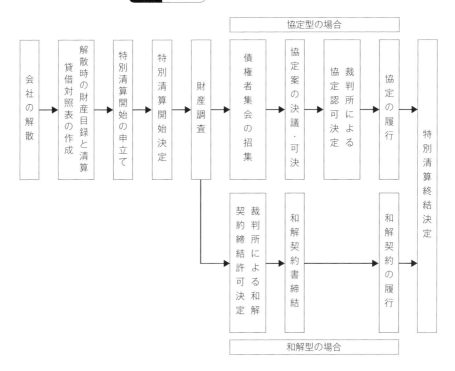

協定型の場合

会社の解散 → 解散時の財産目録と清算貸借対照表の作成 → 特別清算開始の申立て → 特別清算開始決定 → 財産調査 → 債権者集会の招集 → 協定案の決議・可決 → 裁判所による協定認可決定 → 協定の履行 → 特別清算終結決定

財産調査 → 裁判所による和解契約締結許可決定 → 和解契約書締結 → 和解契約の履行 → 特別清算終結決定

和解型の場合

07

破産

(1)　破産とは

　破産とは，債務者が支払不能（債務者が法人の場合には支払不能または債務超過）となって申立てにより破産手続が開始される事態に至ったことをいいます。

　債務者の倒産状態を放置しておくと，特定の債権者が抜け駆け的な債権回収に及ぶなど債権者間に不公平を生じたり，債務者自身の経済的再生を妨げたりするおそれがあるほか，取引先等多数の利害関係人に影響を及ぼし，結果として健全な経済秩序を害することになります。そこで，このような事態を避けるため，倒産状態にある債務者の総財産の速やかな清算を実現する破産手続が必要となります。

(2)　破産手続の特徴

①　様々な法人や個人が利用できる

　法的整理のうち，特別清算や会社更生は株式会社しか利用できませんが，破産は個人でもどのような種類の法人でも利用することができます。

②　債務者は管理処分権を失う

破産手続では，債務者は財産の管理処分権を失い，管理処分権は破産管財人に帰属します。

③　法人は手続終了後消滅する

破産手続は，債務者の清算が目的ですので，法人が債務者の場合には，破産手続終了後，法人格が消滅します。

④　税金や給料などは優先される

破産手続では，一定の範囲の税金や給料などについて，他の債権よりも優先して弁済や配当をすることになります。

⑤　担保権者の権利行使は妨げられない

質権や抵当権等の担保権を有する債権者は，破産手続によらずに担保権を実行することができます。担保権を実行して回収できなかった部分は，破産手続において配当に参加することができます。

⑥　金銭による平等配当

破産手続では，破産管財人によって破産者の財産は金銭に換価され，原則として債権額に応じて各債権者に平等に配当されます。

⑦　手続に時間と費用がかかる

破産手続は，個々の債権者による債権回収を制限し，裁判所から選任された破産管財人が公平・公正に手続を進めますが，一定の時間と費用を要します。

(3) 破産手続の流れ

① 破産手続開始の申立て

破産手続は，地方裁判所に対する申立てから始まります。申立てができるのは，債務者，債権者，債務者の取締役等です。債務者が申立てをする場合を自己破産，債務者の取締役等が申し立てる場合を準自己破産といいます。株式会社が債務者として自己破産する場合は，取締役会設置会社であれば取締役会決議を経て代表取締役が株式会社を代表して破産の申立てをします。準自己破産の場合，取締役会決議は不要です。

② 裁判所による審尋

破産手続開始の申立てがなされた場合，裁判所は破産手続開始原因があるかどうかを審理します。その際，裁判官は，債務者や代理人となる弁護士に対して破産の申立てに至った経緯や債務の状況について事情を聴取する審尋が行われます。

③ 破産手続開始決定

申立書類の審査や債務者等の審尋を経て，破産手続開始原因があると判断した場合，裁判所は破産手続開始決定をし，同時に破産管財人を選任し，破産債権の届出期間，破産者の財産状況を報告するための債権者集会の期日，破産債権の調査をするための期間を定めます。

破産手続開始決定がなされると，まず，債務者に対して破産手続開始決定がなされたことが公告されます。具体的には，破産手続開始決定がなされた旨のほかに，破産管財人の氏名，債権の届出期間，債権者集会の期日，破産者に対して債務を負担する者は，破産者に弁済をしてはならない旨などの事項を公告します。また，債務者が把握している債権者に対しては，裁判所から個別に破産手続開始決定通知書が発送されます。

④ 財産処分と債権調査

破産手続開始決定後は，破産管財人によって破産者の財産が換価・処分され，破産財団を形成していきます。

また，債権調査が行われ，債権者は債権届出書を提出し，破産管財人は届出のあった債権について，それを認めるか，認めないかの作業（債権認否）をします。届出のあった債権について破産管財人が認め，破産管財人が認めなかったとしても債権調査期間等において他の債権者から異議がない場合は，債権の内容が確定します。債権の内容について破産管財人が認めなかったり，他の債権者から異議が出た場合には，その債権を届け出た債権者は裁判所に対して査定の申立てができます。

裁判所はこの申立てに基づいて破産債権の査定決定をしますが，この査定決定にも不服がある場合には債権査定異議申立ての訴えを提起することができます。この訴えが終結した時点で，破産債権の額等が最終的に確定します。

⑤ 債権者集会

破産者に対して債権を有している者は，破産手続を通じて配当を受けるので，破産手続の進行に大きな関心を持っています。そのため，通常は破産手続が進行している間に債権者集会が開催されます。債権者は，債権者集会の中で破産管財人からの報告を受けることで破産手続の進行状況を知ることができます。

債権者集会の期日には，破産管財人，破産者，破産債権者を呼び出し，裁判所が債権者集会を指揮して進行します。

⑥ 配 当

破産手続開始決定があった後，破産者の財産により破産手続の費用を支払うことができない場合には，裁判所は破産手続廃止決定をします（これを「異時廃止」といいます）。

破産管財人が破産者の財産を換価・処分したことで配当できるだけの資金が用意できた場合には，配当を行います。配当が終了し，破産管財人の任務が終

破産手続の流れ

```
┌─────────────────────┐
│  破産手続開始申立て    │
└─────────────────────┘
           │
           ▼
┌─────────────────────┐
│       審尋           │
└─────────────────────┘
           │
           ▼
┌─────────────────────┐
│   破産手続開始決定     │
│   破産管財人選任       │
└─────────────────────┘
           │
           ▼
```

財産調査	債権者集会	債権届出
↓		↓
財産の換価		債権認否
		↓
		債権の確定

配当できるほど財産がないとき

異時廃止		配当
		↓
		破産手続終結

了した場合には，破産管財人は任務終了の報告書を提出します。任務報告の債権者集会が終了すると，裁判所は破産手続終結決定をします。

Chapter 7

従業員との法律関係

(1) 解雇予告

　使用者が従業員を解雇する場合には，少なくとも30日前までに解雇の予告を
しなければなりません（労働基準法20条1項）。30日前までに予告をしないとき
は，30日分以上の平均賃金を支払わなければなりません（同条項）。これを解
雇予告手当といいます。

　破産状態になって事業を廃止することになれば，法人であれ個人事業であれ，
従業員の仕事はなくなりますし，給与の支払もできなくなります。これまで力
を尽くしてくれた従業員には申し訳ないことですが，従業員は解雇せざるを得
なくなります。解散・清算や破産の場合は，解雇の予告等が不要なケースに該
当しない解雇ですから，30日以上の予告期間において解雇するか，30日分以上
の賃金相当額の解雇予告手当の支払が必要となります。

(2) 解雇する従業員の未払賃金と退職金

　従業員の給与・賞与・退職金などの雇用関係から生じた債権は，破産手続で
も一定の範囲で優先的に弁済が受けられるよう保護されています。

　破産者の従業員の給料は，破産手続開始前3か月間に生じた給料債権が財団
債権（破産債権とは別に随時弁済を受けることができる債権）として優先的に

保護されます（破産法149条1項）。また，破産手続の終了前に退職した従業員の退職金は，退職前3か月間の給料総額に相当する額（破産手続開始前3か月間の給料総額の方が多ければその額）が財団債権として優先的に保護されます（破産法149条2項）。財団債権に該当しない給料・賞与・退職金は，優先的破産債権として，一般破産債権や劣後的破産債権よりも優先的に配当を受けることができます（破産法98条1項，民法306条2号）。

⑶　従業員に賃金が支払えないとき

　特に中小・零細企業が倒産するときは，退職金はもちろんのこと給料すら支払うことができない場合があります。このような場合には，独立行政法人労働者健康安全機構（以下「労働者健康安全機構」といいます）の未払賃金の立替払制度の利用を検討すべきです。

　労働者健康安全機構の未払賃金の立替払制度は，労働者とその家族の生活の安定を図る国のセーフティネットとして，企業倒産に伴い賃金が支払われないまま退職した労働者に対し，「賃金の支払の確保等に関する法律」に基づいて，その未払賃金の一部を政府が事業主に代わって立替払する制度です。この未払賃金の立替払制度を利用すれば，従業員は原則として未払賃金の8割を支払ってもらうことが可能です。

図表 7−7　未払賃金の立替払い制度

定　　義	倒産により賃金が支払われないまま退職した労働者に対して，未払賃金の一部を立替払いする制度
実施機関	全国の労働基準監督署　独立行政法人労働者健康安全機構
要　　件	使用者が， ①　1年以上事業活動を行っていたこと ②　倒産したこと 倒産とは，次の場合をいいます。 イ　法律上の倒産（破産，特別清算，民事再生，会社更生） ロ　事実上の倒産（中小企業について，事業活動が停止し，再開する見込みがなく，賃金支払能力がない場合） 労働者が，倒産について裁判所への申立て等（法律上の倒産の場合）または労働基準監督署への認定申請（事実上の倒産の場合）が行われた日の6か月前の日から2年の間に退職した者であること
権利行使の期間	破産手続開始の決定等がなされた日または監督署長による認定日の翌日から起算して2年以内
対象となる賃金	労働者が退職した日の6か月前から立替払請求日の前日までに支払期日が到来している定期賃金と退職手当のうち，未払となっているもの。いわゆるボーナスは立替払いの対象とはならない。また，未払賃金の総額が2万円未満の場合も対象外。

Chapter 8

経営者を守る

01

経営者の連帯保証

(1) 経営者が連帯保証を求められている理由

　中小企業や小規模零細企業の場合，金融機関からの借入金やリース会社からのリース債務について，代表者が連帯保証をしていることがほとんどです。中小企業や小規模零細企業の経営者に連帯保証が求められるのは，企業が金融機関から融資を受けたものの，乱脈経営等が行われ，企業が金融機関に対する弁済資金がなくなったというような事態を防止するため，経営者に連帯保証をさせることで規律のある経営をさせるということと，一般的に中小企業や小規模零細企業の場合，信用力が乏しいことから，その信用力を補完することといった理由によるものです。

(2) 経営者を守る手段も考える必要がある

　しかし，中小企業の経営者が事業再生に踏み切ろうとしたとき，個人保証債務が表面化してしまいます。自分自身が保有している資産を差し出さなければなりませんし，クレジットカードの使用ができなくなる可能性もあります。住み慣れた自宅も手放さなければならなくなる可能性もあります。さらに，金融機関等から経営者責任（経営者交代）を問われる可能性があることを考えると，法人が再生可能であるにもかかわらず，経営者自身は再生に対するインセンテ

ィブが低くなるおそれがあります。

　そのため，債権カットを伴う債務整理に踏み込む必要がある場合には，経営者の保証債務をどのように処理するのかについても検討する必要があります。

経営者保証ガイドライン

(1) 経営者保証ガイドラインとは

　経営者保証には，経営への規律づけや信用補完として資金調達の円滑化に寄与する面がある一方，経営者による思い切った事業展開や，保証後に経営が窮境に陥った場合における早期の事業再生を妨げる要因となっているなど，企業の活力を阻害するという面があることが指摘されています。これらへの対応として，2013（平成25）年12月，経営者保証ガイドラインが公表され，2014（平成26）年2月から運用が開始されました。

　この経営者保証ガイドラインは，金融庁と中小企業庁の後押しで，日本商工会議所と一般社団法人全国銀行協会を事務局とする「経営者保証に関するガイドライン研究会」の検討の成果としてまとめられたもので，融資の際に経営者保証が不要な条件を明らかにするとともに，早期に事業再生や廃業を決断した場合は経営者に一定の生活費を残し「華美でない自宅」に住み続けられる可能性などを示したものです。新規融資はもとより既契約の融資についても，融資条件の見直しや借換えなどの際に考慮されることになります。

　経営者保証ガイドラインに法的な拘束力はありませんが，「中小企業，経営者，金融機関共通の自主的なルール」と位置づけられており，それら関係者が自発的に尊重し，遵守することが期待されています。

⑵　経営者保証ガイドラインのメリット

　融資を受けた中小企業が経営難に陥った場合でも，経営者保証ガイドラインを適用できれば，金融機関に対して次のような対応を求めることができます。
①　債務整理の際に一定期間の生計費に相当する額を手元に残すことができる
②　華美ではない自宅を差押えせずに，経営者の生活基盤として残すことができる
③　経営者が引き続き事業の指揮を執ることも認められる
④　残存債務の（一部）免除（返済しきれない債務の原則免除）が認められる

⑶　適用要件

　経営者保証ガイドラインにおいて，経営者保証なしでの新規融資契約を締結するまたは既存の融資契約における経営者保証を解除する対象および適用要件は以下の4点となっています。
①　主債務者が中小企業であること
②　保証人が個人であることに加え，主債務者である中小企業の経営者などであること
③　主債務者である中小企業と保証人であるその経営者などが，弁済に誠実であるうえに，債権者の請求があれば，それに応じて負債の状況がわかる財産状況などを適時適切に開示していること
④　主債務者と保証人が反社会的勢力ではない，あるいはそのおそれがないこと

　さらに，経営者保証ガイドラインにおいて債務整理の適用対象と要件は次のように示されています。

⑤ 主債務者が法人の法的整理手続または準則型私的整理手続の申立てを同時に行うか，係属中もしくは終結していること

⑥ 主たる法人の債務およびその保証人の保証債務の破産手続を行った際に得られる配当よりも多く回収することが見込まれるなど，債権者に経済合理性が期待できること

⑦ 保証人に破産法が定めているような免責不許可事由がなく，またそれが発生するおそれがないこと

　上記要件を満たしていることが認められれば，経営者保証ガイドラインの適用対象となり，法人の債務整理手続と同時に，経営者の保証債務の整理を求めることができます。

　この求めに応じる形で，金融機関（債権者）側は生活費や自宅を経営者の手元に残すことや保証債務の免除，債務弁済のための経営者の資産処分の留保などを検討すること，とされています。

(4)　手　続

　経営者保証ガイドラインに基づく保証債務を整理する場合，事業者の主たる債務と一体整理を図るのが原則です。主たる債務の整理にあたり，準則型私的整理手続を利用する場合，保証債務の整理についても，原則として，準則型私的整理手続を利用し，主たる債務と一体整理を図るよう努めることとされています。したがって，事業者が，協議会，事業再生 ADR，REVIC，特定調停スキーム（事業者再生型，廃業支援）を利用して債務整理を図る場合には，経営者の保証債務も一体として整理をすることとなります。

　他方で，主たる債務について，法的整理がなされ，保証債務のみ整理を行う必要がある場合等，主たる債務と保証債務の一体整理が困難な場合には，原則として，特定調停スキームを利用することになります。

図表　8－1　特定調停スキームの流れ

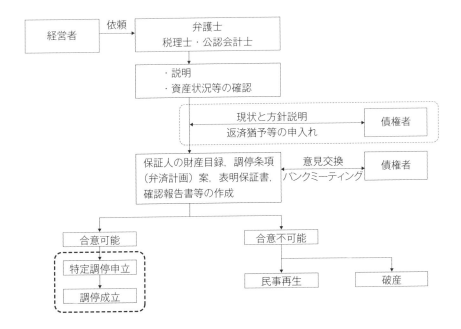

03 民事再生

(1)　民事再生を利用する場合

　経営者保証ガイドラインは，あくまでも主債務者の金融機関等からの借入金に対する連帯保証債務を対象としたものです。そのため，例えば，個人で金融機関等から借入れをしていた場合や，主債務者の金融機関等以外に対する債務の連帯保証である場合には，原則として経営者保証ガイドラインでは処理できません。

　また，経営者保証ガイドラインの適用要件を満たさない等，金融機関等の一部が強硬に経営者保証ガイドラインでの解決に反対しており，特定調停等の準則型債務整理手続を利用しても解決できない場合もあります。

　そのような場合には，民事再生手続を利用することを検討します。

(2)　小規模個人再生と給与所得者等再生

　個人の民事再生といいますと，一般的には小規模個人再生手続と給与所得者等再生手続があります。通常の民事再生手続と比較して，債権調査や債権確定手続，債権者の意見を反映させる制度，手続に関与する期間などの面で，簡略化・簡素化されています。

　しかし，小規模個人再生手続と給与所得者等再生手続は債務の総額が5,000

万円を超えないことが要件とされています。この債務には，連帯保証債務も含まれます。企業の融資の保証をしている経営者の場合，5,000万円以上の連帯保証債務を有していることが多いと思いますので，その場合には小規模個人再生手続や給与所得者等再生手続は利用できず，通常の民事再生手続をすることとなります。

(3)　費　用

　通常の民事再生手続の場合，裁判所への予納金が高額になることが心配されますが，東京地方裁判所では，主債務者である企業が民事再生手続の申立てをしている場合，予納金は25万円（ただし，会社の債権者集会の決議がされた後の申立ては35万円～50万円），企業が法的整理・清算の申立てをした後に保証人である経営者が申立てをする場合，予納金は50万円となる等，低額に抑えられています。

(4)　住宅資金貸付債権（住宅ローン）に関する特則

　破産手続の場合，債務の支払を免れることはできますが，通常，生活の基盤であるマイホームも手放さなければならなくなります。しかし，マイホームの住宅ローンが残っている場合，民事再生法の住宅資金貸付債権に関する特則の制度を利用すれば，マイホームを失わずに，債務を整理することも可能です。

　住宅ローンの支払に支障が生じている債務者のために，返済条件について変更を認める制度がこの住宅資金貸付債権に関する特則です。債務者は，民事再生手続を申し立て，再生計画案の中に住宅ローンに関する権利変更の条項（住宅資金特別条項）を盛り込んで提出します。その再生計画が裁判所によって認可され確定すれば，マイホームに居住しながら住宅ローン以外の債務を圧縮することができます。

　住宅資金貸付債権に関する特則が対象としている「住宅」は，個人が所有し，

居住する住宅であることが原則です。また，建物の床面積の2分の1以上に相当する部分を自ら居住するために使用していることが必要になります。

　さらに，住宅資金特別条項を定めることができる住宅資金貸付債権は，次の要件を満たすことが必要です。

① 住宅の建設・購入または，住宅の改良に必要な資金の借入れであること
② 借入資金の返済が分割払いになっていること
③ 住宅資金債務や保証会社の求償債務を担保するために，抵当権が設定されていること

　ただし，次の場合には，住宅資金貸付債権に関する特則を適用できないので注意が必要です。

❶ 住宅に，住宅資金債務以外の他の債務を担保するための担保権が設定されている場合。
❷ 法定代位による住宅資金債権の取得の場合。ただし，保証会社による保証債務履行後6か月を経過していない場合には，住宅資金貸付債権に関する特則を適用することが可能。

Chapter 8

破産 04

(1)　破産をしなければならない場合

　経営者保証ガイドラインによっても民事再生によっても解決できない場合には，破産の申立てをせざるを得ません。破産は，多額の債務を抱えて動きがとれなくなった債務者の財産関係をいったん清算して，混乱が生じることを避け，返済できるものはできるだけ返済するなどして被害を一定範囲に食い止め，同時に，経済的に破綻した債務者に健全な形で再出発の機会を与える制度です。

(2)　免責手続

　破産は債務整理の最終手段です。しかし，破産をすれば債務がなくなるかといえば，そうではありません。破産手続をしただけでは債務の支払義務は残ってしまいます。債務から解放されるには，破産手続に続いて免責手続が必要となります。免責手続で裁判所から免責が許可されて初めて債務はなくなります。

　個人の債務者が自ら破産の申立てをするときには，通常，免責の申立ても同時にします。債権者から破産の申立てをされて，裁判所から破産手続開始決定が出た場合には，破産手続開始決定後，1か月以内に免責許可の申立てをする必要があります。

(3) 免責不許可事由

　破産法は，免責不許可事由として，次に記載する事項を挙げています（破産法252条1項）。

① 債権者を害する目的で，破産財団に属し，または属すべき財産の隠匿，損壊，債権者に不利益な処分その他の破産財団の価値を不当に減少させる行為をしたこと

② 破産手続の開始を遅延させる目的で，著しく不利益な条件で債務を負担し，または信用取引により商品を買い入れてこれを著しく不利益な条件で処分したこと

③ 特定の債権者に対する債務について，当該債権者に特別の利益を与える目的または他の債権者を害する目的で，担保の供与または債務の消滅に関する行為であって，債務者の義務に属せず，またはその方法もしくは時期が債務者の義務に属しないものをしたこと

④ 浪費または賭博その他の射幸行為をしたことによって著しく財産を減少させ，または過大な債務を負担したこと

⑤ 破産手続開始の申立てがあった日の1年前の日から破産手続開始の決定があった日までの間に，破産手続開始の原因となる事実があることを知りながら，当該事実がないと信じさせるため，詐術を用いて信用取引により財産を取得したこと

⑥ 業務および財産の状況に関する帳簿，書類その他の物件を隠滅し，偽造し，または変造したこと

⑦ 虚偽の債権者名簿を提出したこと

⑧ 破産手続において裁判所が行う調査において，説明を拒み，または虚偽の説明をしたこと

⑨ 不正の手段により，破産管財人，保全管理人等の職務を妨害したこと

⑩ 免責許可の決定が確定した日，給与所得者等再生における再生計画認可決定の確定の日，小規模個人再生におけるハードシップ免責の決定に係

　　る再生計画認可決定の確定の日から7年を経過していないこと
⑪　説明義務や重要財産開示義務を果たしていないこと

　これらの事由がある場合でも，必ず免責が不許可になるというわけではなく，裁判所は破産手続開始の決定に至った経緯その他一切の事情を考慮して免責を許可することが相当であると認めるときは，免責許可を決定することができるとされています（裁量免責，破産法252条2項）。

(4)　免責決定

　免責許可の決定は，免責許可決定が官報に掲載され，掲載された日の翌日から2週間以内に即時抗告がされないことによって確定します。即時抗告とは，裁判の日から一定の期間内に提起することとされている上級裁判所への不服申立制度です。免責許可の決定は，一定の期間に即時抗告がなされなければ確定します。

　免責許可の決定が確定すると，一定の免責されない債権を除き，債務の支払を免れることができます。また，復権（破産によって生じた資格や権利の制限などを消滅させ，本来の地位を回復させること）して破産者ではなくなり，法律上の資格制限から解放されます。なお，一度免責を受けると，原則として以後7年間は免責を受けることができません。

(5)　免責されない債権

　免責許可決定が確定すると，債務の支払を免れることができますが，すべての債務を免れるわけではありません（破産法253条1項）。税金や社会保険料は免責されません。養育費や扶養義務も免責されません。また，積極的な害意による不法行為に基づく損害賠償債務や，故意や重過失による生命や身体を害する不法行為に基づく損害賠償債務も同様です。さらに，破産者が把握していな

がら破産手続開始申立時に提出する債権者一覧表に記載しなかった債権につい
ても免責されません。

Chapter8

05
破産により残すことの
できる財産

(1)　自由財産

　破産は，破産者が債権者に支払うべき借金の返済義務などの債務について，免責手続で免除してもらうために，原則としてすべての財産を換価し，債権者に配当する手続です。

　しかし，損害を受ける債権者のことを考えてもなお，「債務者の生活を守るために配当すべきでない」とされた財産について，法律は破産者に残すことを認めています。これを自由財産といいます。

　自由財産として認められているものには，次のようなものがあります。

①　99万円に満つるまでの現金

②　残高が20万円以下の預貯金

③　見込額が20万円以下の生命保険の解約返戻金

④　処分見込額が20万円以下の自動車

⑤　居住用家屋の敷金債権

⑥　電話加入権

⑦　家財道具

⑧　小規模企業共済

⑨　年金，年金基金（iDeCoを含む）

(2)　自宅や自動車

　破産では，自由財産以外の破産者の財産はすべて換価されてしまいますので，破産者が自宅や自動車を維持することは困難です。

　もっとも，自動車については，初度登録から相当の年数が経過していたり，走行距離が多く，売却することが困難であるとか，売却しても低い価額でしか売れない場合には，その評価額を支払って残すことは可能です。

　自宅や高級な自動車については，破産手続に入った後に残すことはできませんが，破産の申立前に第三者に売却し，売却した相手から賃借するというリースバックを利用することで残すことは可能です。自宅については，子供達の学校の都合等からなるべく維持したいということで，最近，リースバックの利用が増えています。

　もっとも，高級な住宅の場合には，売却後に借りるときの家賃が高くなりますので，破産後の収入では支払が厳しくなることもあります。また，リースバックは，通常，物件の評価額の8割で売却することが多いので，否認行為の対象とされるリスクもありますので，注意が必要です。

【著者紹介】

鈴木規央（すずき・のりお）

弁護士・公認会計士・認定事業再生士

1994年3月慶應義塾大学経済学部卒業。

1993年10月公認会計士二次試験合格後，太田昭和監査法人（現EY新日本有限責任監査法人）入所。2004年11月司法試験合格。2006年10月弁護士登録後，シティユーワ法律事務所入所。2018年1月渥美坂井法律事務所・外国法共同事業パートナー。

弁護士登録以後，数多くの企業の事業再生（再生型の私的整理，民事再生）事件，倒産事件（清算型の私的整理，破産，特別清算）に関与し，成功に導いてきた。

本書に関連する執筆としては，「事業再生の検討手順」税経通信10月号（2020），「出口としての廃業支援」税経通信2月号（2020），「有価証券報告書等に虚偽記載があった上場会社の破産事件の処理について」法律実務研究第33号（共著，東京弁護士会，2018）等多数ある。

会社の再生・整理の手順がわかる本

2022年2月10日　第1版第1刷発行

著　者　鈴　木　規　央
発行者　山　本　　　継
発行所　㈱中央経済社
発売元　㈱中央経済グループ
　　　　パブリッシング

〒101-0051　東京都千代田区神田神保町1-31-2
電話　03 (3293) 3371 (編集代表)
　　　03 (3293) 3381 (営業代表)
https://www.chuokeizai.co.jp
印刷／㈱堀内印刷所
製本／㈲井上製本所

©2022
Printed in Japan